essentials

essentials liefern aktuelles Wissen in konzentrierter Form. Die Essenz dessen, worauf es als „State-of-the-Art" in der gegenwärtigen Fachdiskussion oder in der Praxis ankommt. *essentials* informieren schnell, unkompliziert und verständlich

- als Einführung in ein aktuelles Thema aus Ihrem Fachgebiet
- als Einstieg in ein für Sie noch unbekanntes Themenfeld
- als Einblick, um zum Thema mitreden zu können

Die Bücher in elektronischer und gedruckter Form bringen das Expertenwissen von Springer-Fachautoren kompakt zur Darstellung. Sie sind besonders für die Nutzung als eBook auf Tablet-PCs, eBook-Readern und Smartphones geeignet. *essentials:* Wissensbausteine aus den Wirtschafts-, Sozial- und Geisteswissenschaften, aus Technik und Naturwissenschaften sowie aus Medizin, Psychologie und Gesundheitsberufen. Von renommierten Autoren aller Springer-Verlagsmarken.

Weitere Bände in der Reihe http://www.springer.com/series/13088

Stefan Max Garzarolli · Michael Kiel

Struktur und Anarchie: Wie Innovation gelingt

Impulse für eine nachhaltige Erneuerung von Organisationen

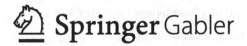

Stefan Max Garzarolli
Seevetal, Deutschland

Michael Kiel
Hamburg, Deutschland

ISSN 2197-6708   ISSN 2197-6716   (electronic)
essentials
ISBN 978-3-658-29669-8   ISBN 978-3-658-29670-4   (eBook)
https://doi.org/10.1007/978-3-658-29670-4

Die Deutsche Nationalbibliothek verzeichnet diese Publikation in der Deutschen Nationalbibliografie; detaillierte bibliografische Daten sind im Internet http://dnb.d-nb.de abrufbar.

Planung/Lektorat: Ann-Kristin Wiegmann
Springer Gabler ist ein Imprint der eingetragenen Gesellschaft Springer Fachmedien Wiesbaden GmbH und ist ein Teil von Springer Nature.
Die Anschrift der Gesellschaft ist: Abraham-Lincoln-Str. 46, 65189 Wiesbaden, Germany

Was Sie in diesem *essential* finden können

- Einen Überblick über das, was Innovation ist und was nicht.
- Eine Übersicht über die Voraussetzungen und Hindernisse von Innovation in struktureller Hinsicht.
- Eine Darstellung der Methoden, mit denen der Prozess der Ideenfindung in Gang gebracht und organisiert werden kann.
- Eine Analyse, wie strukturelle und kreative Aspekte zusammen zu nachhaltigen Innovationen im Unternehmen führen.
- Beispiele, die illustrieren wie die Umsetzung aussehen kann.

Inhaltsverzeichnis

Über die Autoren

Dr. Stefan Max Garzarolli promovierte über Chaostheorie und Populationsdynamik am Imperial College in London. Nach Stationen in der Kommunikationsbranche und im Marketing entwickelt er Formate für Innovation im Rahmen des Netzwerkes Mindfracking. Er lebt mit Familie nahe Hamburg.

Michael Kiel, M.A. ist Philosoph, freiberuflicher Dozent für technische Aufstiegsfortbildungen und bietet als Coach philosophisch inspirierte Workshops an. Er studierte Philosophie, Germanistik und Chemie an der TU Braunschweig und lebt seitdem mit seiner Familie in Hamburg. Er ist Mitglied des Netzwerkes Mindfracking.

Webseite
www.mindfracking.com

Einleitung

1

Wenn man so will, machen wir ein Geschäft aus Unsicherheit. Was passiert gerade mit Ihnen, lieber Leser, wenn Sie das Wort Unsicherheit lesen? Wir setzen eine Wette darauf, dass dieses Wort ein negatives Gefühl bei Ihnen auslöst. Das macht unsere Arbeit nicht einfacher. Unsicherheit ist die Natur der Innovation.

Deshalb werden wir erst gar nicht versuchen, Ihnen die Unsicherheit zu nehmen, ganz im Gegenteil: Genau hier beginnt unser Weg und diesen möchten wir mit Ihnen zusammen gehen.

Haben wir deshalb etwas gegen Sicherheit einzuwenden? Mitnichten. Wir leben und arbeiten tagtäglich mit einem Gefühl der Sicherheit. Die Sonne geht auf, die Sonne geht unter. Es gibt keinen Grund anzunehmen, dass sie morgen nicht mehr scheint. Auch auf unsere Lebensentwürfe übertragen wir dieses Grundvertrauen. Wir richten uns unsere Lebenswelt her und glauben dann an ihre Verlässlichkeit. Das ist nicht etwa naiv, denn ohne diese Haltung sind Lebensentwürfe gar nicht möglich, die sich ja zwangsläufig auf eine Zukunft richten, Vorstellungen von dieser entwickeln und planmäßig daran arbeiten, diese zu verwirklichen. Ohne ein von Sicherheit geprägtes Mindset wären wir alle verloren.

Das gleiche gilt für viele Unternehmen, die ein gut funktionierendes Geschäftsmodell gefunden haben und sich zunächst darauf konzentrieren, dieses zu optimieren. Auch hier liegt dem Ausbau des Geschäftsentwurfs ein Vertrauen in die relative Stabilität der Umstände zugrunde. Das funktioniert oft lange, lässt aber die Aufmerksamkeit und Achtsamkeit auf sich ankündigende Veränderungen langsam einschlafen. Das ist das Trügerische an derartigen Sicherheiten. Irgendwann meldet sich die Realität zu Wort und stellt alles infrage, was bisher als sicher galt. Das Gefühl der Sicherheit wandelt sich zur Unsicherheit und wir sind beunruhigt, wenn wir auf die Zukunft schauen. Wie soll man auf die Veränderungen reagieren? Eine Alarmglocke läutet, Abwehrmechanismen werden in Gang gesetzt, eine Sitzung eilig einberufen: Eine neue Idee muss her!

© Springer Fachmedien Wiesbaden GmbH, ein Teil von Springer Nature 2020
S. M. Garzarolli und M. Kiel, *Struktur und Anarchie: Wie Innovation gelingt,*
essentials, https://doi.org/10.1007/978-3-658-29670-4_1

So ist die aufkommende Unsicherheit der Auslöser eines Prozesses, der die Forderung nach Innovation laut werden lässt und das ist eine erste positive Wirkung der Unsicherheit, auch wenn man sie in einer solchen Situation oft eher als bedrückend wahrnimmt. Das ist auch häufig der Grund dafür, dass nun alle verfügbare Energie darauf verwendet wird, diese Unsicherheit und die daraus resultierende Unruhe und Geschäftigkeit schnellstmöglich wieder unter Kontrolle zu bekommen und zum Tagesgeschäft zurückzukehren. Ja, oft gehen wir noch darüber hinaus, wir ziehen Schutzmauern hoch, die uns helfen, die Realität auszusperren, doch diese verhindern dann auch jede Veränderung und Entwicklung. Auch wenn die Unsicherheit nicht das Zeug zum Sympathieträger zu haben scheint, wir möchten ein Plädoyer für sie halten: Es lebe die Unsicherheit! Sie ist beileibe nicht nur negativ, sondern sie ist ein Garant für Beweglichkeit, ein Trainingsraum für Agilität. Unruhe, wenn man sie in die richtigen Kanäle lenkt, eröffnet Gestaltungsräume, ja, ein ganzes Universum der Möglichkeiten.

Dass die Unsicherheit und die daraus resultierende Unruhe zwei Seiten hat, das ist das Erste, womit wir Unternehmen konfrontieren, die wir auf ihrem Weg zu Veränderungen begleiten. Es ist wichtig zu begreifen, dass das Gefühl der Unsicherheit in produktive Bahnen gelenkt werden kann, dass es eine Chance bietet, sich neu zu orientieren. Wichtiger ist es aber, sich möglichst lange davon abzuhalten, die Unsicherheit schnell zu entschärfen. Unterschätzen Sie nicht die Energie, die diese freizusetzen vermag. So besteht die erste Lektion darin, die Unsicherheit aushalten zu können und ihr sogar einen Ort im Unternehmen zuzuweisen, an dem sie ihre Kraft zur Veränderung entfalten kann. Dadurch machen wir sie uns dienstbar und zum Teil einer Unternehmenskultur, die Innovationen ermöglicht.

Dabei müssen wir eines ganz deutlich machen: Wir sehen Innovation nicht als den Traum von einem One-Hit-Wonder, sondern als einen Zustand permanenter kreativer Unruhe, aus der immer wieder neue Impulse entstehen. Die Berichte disruptiver Innovation werden gerne mythisch überhöht und rückwärts erzählt, als hätten sie etwas Unvermeidliches und Unaufhaltsames. Das regt an, sich etwas ähnliches zu wünschen. Doch selten ereignet sich Innovation wie ein Lottogewinn und sie setzt weit mehr voraus als ein paar Kreuzchen zu machen. Wir glauben daran, dass Innovation ein Prozess ist, der sich aus einem ganzen Netz von Zusammenhängen ergibt und keinesfalls schlagartig und gezielt entsteht. Innovation erfordert Arbeit, Arbeit an uns selbst, an unseren Annahmen und Verhaltensmustern, an der Organisation des Unternehmens und am Zusammenspiel der Kräfte im Unternehmen. Vor Allem erfordert sie ein Weiterdenken und Neu-Bewerten: Was ist der Wert eines Fehlers? Wieviel kostet ein Umweg? Was ist nicht-produktive Zeit wert? Wer darf das Neue mitdenken? Hält man seine

Pläne geheim oder geht man offen hinaus damit? Hat Innovation das Potenzial, alles über den Haufen zu werfen? Das muss allen Beteiligten klar sein: Innovationsfähigkeit setzt die Bereitschaft voraus, sich von geliebten Vorurteilen freizumachen und seine eigene Person genauso wie das Unternehmen als Ganzes infrage zu stellen. Das erfordert Mut. Eines ist dabei sicher: Ein Unternehmen, das die Grundlagen für Innovationsfähigkeit schafft, ist auch ein Unternehmen, in dem man gerne arbeitet. Man spürt die Ambition und Orientierung, man profitiert vom Austausch und man erlebt die Offenheit im Gegensatz zu lähmender Routine. Anders herum gedacht: Wer geht schon gerne ins Kino, wenn man nach fünf Minuten die Auflösung weiß? Innovation sollte eine fesselnde Angelegenheit sein.

Innovation ist auch komplex und mancher sehnt sich nach den „7 goldenen Regeln" der Innovation. Dem wollen wir uns entschieden entgegenstellen. Deshalb formulieren wir zu Beginn eine wesentliche Eingangsbedingung: Innovation ist kein Feld für Dogmen. Wären wir die Päpste der Innovation, würden wir aber dennoch eines formulieren wollen: Arbeite nicht nach Rezept! Denn wie kann man Singularität erzeugen, wenn man einer uniformen Logik folgt? Wie kann man Abwegiges finden, wenn man in ausgetrampelten Pfaden läuft? Wir geben zu: Wir fordern auf zum undogmatischen Herangehen an Innovation und geben dann ein Rezept aus, das die Handlungsanweisung enthält, nicht nach Rezepten vorzugehen. Das ist doch paradox! Und Sie haben recht. Innovationen sind oft paradox. Es gibt keine Methode, keinen Plan, mit dem man sie erzwingen kann. Es zeigen sich vielleicht Muster der Erneuerung und dennoch gibt es Ausnahmen, die die Regel eben nicht bestätigen.

So kommt es, dass bis zum heutigen Tag jedes unserer Mandate einen unterschiedlichen Verlauf genommen hat, zum Teil erheblich. Ja, auch in unserer Arbeit findet sich Redundanz. In den Schlüsselmomenten müssen wir aber genauso beweglich sein, wie wir es von unseren Kunden fordern und immer wieder unbekanntes Terrain beschreiten. Wie gesagt, kein Fall ist wie der nächste.

Was vielleicht das Schwierigste am Begriff der Innovation ist: er ist nur ein unbestimmter Begriff, in den die verschiedensten Vorstellungen einfließen, denen allen ein Mangel an Konkretheit gemeinsam ist. Der Begriff selbst stammt vom lateinischen Verb *innovare* ab und lässt sich in substantivierter Form als Erneuerung übersetzen. Der Begriff Innovation wird in vielen Bereichen für zum Teil sehr unterschiedliche Dinge und Sachverhalte verwendet. In den Wirtschaftswissenschaften machte Schumpeter die Innovation in seiner *Theorie der wirtschaftlichen Entwicklung* (Schumpeter 1911) zu einem zentralen Begriff, der den Unternehmer in seiner wesentlichen Eigenschaft als Erfinder neuer

Kombinationen von Produktionsfaktoren beschreibt. Das konnten schon bei Schumpeter ganz unterschiedliche Dinge sein: neue Produktionsmethoden, neue Produkte, neue Zugänge zu Märkten, bis hin zur Veränderung der Marktstruktur, die heute unter dem viel gerühmten Namen der Disruption figuriert. Schumpeter sprach in diesem Zusammenhang von schöpferischer Zerstörung. Ein wichtiger Punkt: Neues zu schaffen, heißt oft auch das Alte zu überholen, seinen Wert zu verringern oder ihn ganz zu vernichten.

Das auffällige daran ist, dass Innovation im wirtschaftlichen Kontext oft bildlich in die Nähe von Auseinandersetzung und Kampf gerückt wird. Das trägt zum Teil auch zu dem beängstigenden Gefühl bei, das oft in den Köpfen der Menschen entsteht, wenn die Forderung nach Innovation und Disruption ausgesprochen wird. Innovation zu einem positiv besetzten Begriff zu machen, scheitert in vielen Fällen schon an diesem psychologischen Aspekt. Bei Mindfracking wollen wir zwar nicht die zerstörerische Wirkung von Innovationen kleinreden, wir rücken aber den Fokus auf die Wege, auf die Perspektiven, auf die Möglichkeiten, die Innovationen eröffnen. Das ist wichtig, um Innovation in einem Unternehmen nicht zu verordnen, sondern sie zu einem reizvollen Projekt zu machen, an dem alle teilnehmen und sich beweisen wollen.

Die Wirtschaftswissenschaften sind nicht die Ersten und Einzigen, die diesen Begriff für sich beansprucht haben. Auch die Naturwissenschaften und vor allem die Kunst hat sich den Begriff der Innovation zu eigen gemacht. In der Wissenschaftsgeschichte wird die Frage nach den Mechanismen gestellt, die dem Wandel der Theorien und Methoden zugrunde liegen. Thomas S. Kuhns (1967) Buch *Die Struktur wissenschaftlicher Revolutionen* und Paul Feyerabends (2010) *Against Method* sind die vielleicht berühmtesten Versuche der Erklärung, wie es in den Wissenschaften zu Innovationen kommt. In diesen beiden stehen sich auch schon die gegensätzlichen Positionen gegenüber: Struktur vs. Methodenanarchie. Während Kuhn in der Wissenschaftsgeschichte Paradigmenwechsel sieht und die strukturellen Veränderungen verantwortlich für die daraus resultierenden neuen Perspektiven macht, die dann letztlich zu neuen Theorien und Methoden führen, behauptet Feyerabend, dass das Auffinden von Innovationen niemals ein methodisch herbeigeführtes Ereignis ist, sondern viele eher auf Phänomenen des Bruchs und Widerspruchs fußt. Mindfracking behauptet beides: Innovation wird zum einen durch Struktur und zum anderen durch Singularität ermöglicht, durch Organisation und Geistesblitz. Eine Innovation kann nicht durch Übertragung entstehen, sondern kann nur im Sprung erreicht werden. Damit aber Motivation und Freiheit zu ausreichend Sprüngen vorhanden ist, braucht es auch Organisation.

Das Neue stellt ebenso in der Kunst die treibende Kraft dar, wenn man sie in historischer Weise betrachtet. Jede neue Bewegung verstand sich als Avantgarde, die Bisheriges infrage stellte und mit einem Gegenentwurf kontrastierte. Beispielsweise verstand Robert Musil (vgl. z. B.: 1978, S. 16–18) Literatur als anderen Zustand gegenüber dem Normalzustand, in dem sich jeder tagtäglich bewegt. Literatur ist nach ihm ein utopischer Entwurf, ein Verschieben des Fokus von der Wirklichkeit zur Möglichkeit, ein Schwebezustand, der den Dingen das Fertige nimmt, das ihnen so fest anhaftet.

Mindfracking öffnet den in vielen Köpfen sehr verengten Begriff von Innovation vor allem auch in Richtung künstlerischer Schöpfung. Zum einen sehen wir darin ein menschliches Grundbedürfnis nach Ausdruck, Experiment und Spiel und zum anderen nimmt es dem Begriff viel von seiner beängstigenden Schwere. Auf den Punkt formuliert: Wir sehen in Innovation eine Kunst, die Dinge in einen Schwebezustand zu versetzen, sie aus ihrem Kontext herauszulösen, sie fragwürdig zu machen und einen Raum von Möglichkeiten zu eröffnen. Damit das möglich wird bedarf es einiger struktureller Voraussetzungen.

Form follows function: über Organisation und Geistesblitz

2

Das Zentrum der Innovation ist klarerweise die Idee. Alles ist nichts ohne die Idee. Eine freie, überraschende, originelle, verknüpfende Idee. Dazu kommen wir noch ausführlich in Kap. 3 und 4. Doch zunächst braucht eine Idee Substrat. Auch wenn der Same der Idee in einem Kopf entsteht, ist entscheidend, auf welchen Boden er fällt, um zu keimen und sich zu entwickeln. Um es ohne ein Bild zu sagen: zur Entstehung, Weiterentwicklung und Umsetzung von Ideen ist eine Unternehmenskultur nötig, die an innovativem Denken und Handeln orientiert ist. Innovation muss von dieser Seite her organisiert werden und dazu bedarf es der passenden Strukturen. Um diese soll es hier gehen, bevor wir uns dem Prozess der Ideenfindung zuwenden.

Als Begleiter von Innovationsprojekten stehen wir immer vor zwei Aufgaben für die ganz unterschiedliche Qualitäten gefragt sind: Die Schaffung der Voraussetzungen von Innovation und die Aufgabe der Ideation. Im ersten Fall treten wir als Berater auf, in der Phase der Ideation als Coach. In einem Fall arbeiten wir an der Organisation, im anderen Fall stärken wir das Individuum. Es ist entscheidend zu wissen, in welcher Phase man sich jeweils befindet und was gerade gefragt ist. In diesem Sinne müssen nicht nur Ziele, sondern auch die Eingangsbedingungen geklärt sein.

Wir beginnen deshalb die Aufgabe, Innovation in ein Unternehmen zu bringen, mit einem vorbereitenden Workshop. Zielgruppe ist das Management. Ziel ist es zunächst, in den Prozess der Innovation eine Ebene von Realismus einzuziehen. Das heißt zuerst einmal eine Bestandsaufnahme der Organisation hinsichtlich ihrer Innovationsfähigkeit zu machen und dann grundlegende Strukturen für den Prozess zu schaffen. Will man die Mitarbeiter für den Innovationsprozess gewinnen und diese dauerhaft mit einbinden, ist diese Vorarbeit unerlässlich. Die aktuelle Situation zu evaluieren und die nötigen Rahmenbedingungen zu

© Springer Fachmedien Wiesbaden GmbH, ein Teil von Springer Nature 2020
S. M. Garzarolli und M. Kiel, *Struktur und Anarchie: Wie Innovation gelingt,*
essentials, https://doi.org/10.1007/978-3-658-29670-4_2

schaffen, stehen am Anfang des Weges. Leider beginnen Innovationsprojekte meistens anders.

„Rufen Sie mal die Mannschaft in Raum 1, wir machen ein Brainstorming", sagt der Direktor einer kleinen regionalen Bank, der eben einen beunruhigenden Artikel über die Auswirkungen der Digitalisierung auf seine Branche gelesen hat. 20 min später sitzen die Leute verstört hinter ihren Notizblöcken. Im Raum herrscht beklemmende Stille. Der Direktor hat in einer kurzen Einführung seine Sorge über den digitalen Sturm geäußert, der demnächst das Unternehmen hinwegfegen könnte und bittet nun seine Mitarbeiter um Ideen. Die Stimmung ähnelt der einer Elternsprecherwahl in der KITA. Niemand wagt es, den Kopf zu heben. Das Schweigen ist peinlich und unerträglich. Aber niemand will sich als erster blamieren.

Wenn dieser Direktor später zu uns sagt: „Meine Leute haben einfach keine Ideen", dann liegt er mit seiner Diagnose mit hoher Wahrscheinlichkeit daneben. In dem von ihm nacherzählten Meeting kann man zwei Phänomene auf einmal beobachten: Die Leute haben keine Übung darin, Ideen zu entwickeln und – vor allem – haben sie Angst, durch das Äußern möglicherweise unpassender Ideen als unprofessionell wahrgenommen zu werden. Das öffnet unseren Blick darauf, dass für den Beginn eines Innovationsprojektes Voraussetzungen geschaffen werden müssen.

In unserer Wahrnehmung sind folgende Einflussgrößen für den Erfolg eines Innovationsprojektes entscheidend. Es ist eine Checkliste, die wir zu den ersten Gesprächen mitnehmen:

- Raum und Zeit schaffen
- die innerbetriebliche Wertigkeit des Projektes klarstellen
- ein offenes, angstfreies Klima
- Fehlerkultur
- Spielbereitschaft
- Incentivierung und intrinsische Motivation
- Purpose des Unternehmens
- Ausgründen? Einkaufen?
- Wer darf mitmachen?
- Ziele erreichen ohne Zielorientierung
- Abschottung vs. Open Source
- Nachhaltigkeit von Innovation
- Bewusstsein von Risiken

In den nachfolgenden Abschnitten widmen wir jedem Punkt einige Gedanken, um zu zeigen, welche Strukturen für ein Innovationsprojekt geschaffen werden müssen und auch welche Strukturen dieses bremsen oder ganz verhindern.

2.1 Raum und Zeit

Es klingt banal, aber es ist zutreffend: Sie können Innovation nicht in 30-Minuten-Slots pressen oder zwischen Tür und Angel abwickeln. Wer freie Gedanken haben will, muss auch dafür sorgen, dass Raum und Zeit dafür geschaffen wird. Keine Sorge: Sie müssen Ihr Innovations-Team dafür nicht jedes Mal für eine Woche in ein Resort in der Slowakei fliegen. Entscheidend ist es, einen guten Anfang zu finden. Mit ein wenig Routine wird es den Mitarbeitern leichter fallen, in den Kreativ-Modus zu kommen, die benötigten Zeiträume werden kürzer, auch das Bedürfnis nach Abgrenzung vom Tagesgeschäft wird geringer.

Spätestens an dieser Stelle stellt sich die Frage, ob Sie ihr Innovationsteam nicht komplett freistellen sollten oder ein neues eigens zusammengestelltes Team auf die grüne Wiese setzen. Abgesehen davon, dass nur wenige Unternehmen die Ressourcen dafür freisetzen können, ist es ein heikles Unterfangen. Sie müssen Ihre Mitarbeiter dabei unterstützen, mit der neuen unstrukturierten Freiheit umzugehen. Was zunächst großartig klingt, kann zu überraschenden Schwierigkeiten führen: Die wenigsten kommen damit klar, ohne Struktur und klare Zielvorgaben zu arbeiten. Auch das muss gelernt werden. Abgesehen von der Frage der Ressourcen ist es gar nicht so schlecht, wenn Innovatoren mit einem Bein im realen Leben bleiben. Auf den Sonderfall – die Organisation eines „freischwebenden" Teams wollen wir im Abschnitt „wer darf mitmachen", näher eingehen.

Es ist eine gute Idee, ein Innovationsprojekt nicht im Büro oder im vertrauten Arbeits-Umfeld zu beginnen. Es ist auch eine gute Idee, dafür nicht in den Tagungskomplex eines Vier-Sterne-Hotels zu gehen. Ein Off-Site sollte Eindruck auf das Mindset machen. Damit fordern wir nicht eine möglichst luxuriöse Ausstattung (im Gegenteil: zu viel Wellness macht geistig träge), sondern ein Kontrastprogramm. Wichtig ist ein Signal: Es ist anders! Eine Unvertrautheit, vielleicht sogar ein klein wenig Unbehagen, schaffen eine gute Voraussetzung für das, was kommen soll. Wenn wir von Off-Site sprechen, meinen wir nicht unbedingt eine statische Location. Vielleicht ist ihr Off-Site auch, unterwegs zu sein. Sind Körper in Bewegung, setzen sich auch Gedanken leichter in Bewegung.

Wir empfehlen, das Off-Site mit einem Symbol zu verknüpfen, das sich später auch in ihren Meetingraum transferieren lässt. Ja, schon bald muss das Innovationsprojekt auch im Kontext des Unternehmens funktionieren, das

Symbol ruft dabei die Atmosphäre des Off-Sites wach. Idealerweise suchen sich Teams ihr eigenes Symbol. Sportliche mögen beispielsweise ein beflocktes Trikot, Kreative haben ihr eigenes Innovations-Totem gebastelt, auch eine bestimmte Musik kann unterstützen, in den Kreativ-Modus zu kommen.

Auch die Allokation von Zeit wird dem Alltäglichen angepasst. Hier empfehlen wir großzügig zu beginnen und – sind ihre Mitarbeiter erstmal im Innovations-Modus – auf kürzere Phasen umzustellen. Diese Zeiträume des Neu-Denkens und Schaffens kann man realistischerweise nicht immer regelmäßig einbauen. Umso wichtiger ist es dennoch ein Signal von Regelmäßigkeit zu setzen! Stecken Sie in einer alten Unternehmenskultur, dann verbinden Sie Freigeist erst einmal mit einer sklavischen Struktur: Beispielsweise jeden Dienstag um 11:45 für 15 min ein Status-Meeting anzusetzen – persönlich oder in einer Videokonferenz. Auch wenn es dabei oft nichts Neues geben wird, machen Sie ihr Projekt immer wieder sichtbar und die Bedeutung des Unterfangens spürbar. Wir raten Managern, sich zu involvieren und sich Zeit auch für diese Status-Meetings zu nehmen.

Dabei sollte es jedoch nicht bleiben. Fragen der Innovation passen gut zu einer moderneren und freieren Teamorganisation. Man gibt bestenfalls eine Anfangs-Struktur vor, dann entscheidet das Team selbst, was es braucht. Termine mit dem Management fokussieren sich dann auf die Zuführung benötigter Ressourcen und das Wegräumen von Barrieren. Für die eigentliche Arbeit des Innovationsteams sind feste Termine und dazugehörige Retrospektiven angezeigt. So gelingt es, die Vorgehensweise Schritt für Schritt zu verbessern.

2.2 Wertigkeit des Projektes

Meistens früher als später kommt der Punkt, an dem ein am Innovationsprojekt beteiligter Mitarbeiter vor dem Dilemma steht, sich zwischen dem drängelnden Tagesgeschäft und dem Dranbleiben am Innovationsthema entscheiden zu müssen. In der Regel wird er sich dafür entscheiden, dem Tagesgeschäft nachzugehen. Dafür ist er ja primär zuständig und daran wird er auch gemessen. Das Management bekommt derartige Situationen oft erst im Nachhinein mit und steht dann selbst vor der Frage der Priorität. Die Mitarbeiter sollen zwar innovativ sein, aber das Tagesgeschäft darf darunter nicht leiden. In diesem Moment werden – oft schon früh – die meisten Innovationsprojekte verloren.

An dieser Stelle ist die bekannte Differenzierung zwischen „dringlich" und „wichtig" nötig, die zu der simplen Erkenntnis führt: Machen wir auf Dauer das Dringliche, werden wir das Wichtige unterlassen. Es wird immer Projekte geben, die nicht laufen und Kunden, die gerade nicht zufrieden sind. Es wird immer einen Pull zugunsten der Dringlichkeit geben, auf Dauer übt das auf jedes nachhaltige Projekt eine erodierende Wirkung aus. Also muss eine Unternehmensleitung, die es mit der Innovation ernst meint, zum einen die Priorität der Innovation eindeutig kommunizieren, zum anderen die daran Beteiligten beim Zeitmanagement unterstützen.

Sie muss dabei nicht nur Mitwirkende des Projektes Innovation vor Außeneinflüssen schützen, sondern auch das Projekt vor seinen eigenen Mitarbeitern. Schon bei Aufkommen von kleinen Problemen, werden die meisten zurückstecken, ein Meeting absagen, einen zugesagten Beitrag nicht rechtzeitig liefern. Klarerweise kann man nicht alle Ziele gleichzeitig erreichen. Vereinbaren Sie vorab mit ihren in der Innovationsarbeit tätigen Mitarbeitern eine Deeskalationsstrategie und ein Frühwarnsystem. Klären Sie dazu folgende Fragen: Wie können drängende Aufgaben entschärft werden – kann man sie aussitzen, kann man sie delegieren? Wann muss der Betroffene wirklich persönlich ran und damit raus aus dem Innovationsthema?

Innovation sollte man wie einen Urlaub handhaben. Urlaub ist schön und auch der Innovationsarbeit schadet es nicht, angenehme Gefühle zu erzeugen. Vielleicht beginnen Sie damit, mit Abwesenheitsnotizen und Telefonansagen zu spielen. „Bin in Innovatien und melde mich sobald ich zurück bin." Menschen, die Innovation vorantreiben wollen, müssen raus sein. Sowas von raus. Auch wenn das nur für Stunden sein sollte.

2.3   Offenes, angstfreies Betriebsklima

Angst ist der Tod der Innovation. Schaffen Sie ein offenes, angstfreies Betriebsklima. Das klingt nach einer Selbstverständlichkeit, ist es aber keinesfalls. Wenn das Betriebsklima von jähzornigen Menschen auf dem C-Level dominiert wird, Kontrolle und Einschüchterung allgegenwärtig sind, wird es wirklich problematisch für die Innovation. Realistischerweise, müssen in manchen Unternehmen Eigentümer oder CEOs erst zurücktreten, damit die Fenster geöffnet werden und frische Luft hineinströmen kann. In manchen Fällen ist man in der Tat geneigt zu sagen: „Lassen Sie's einfach bleiben." Doch auch in weniger harten Fällen kann das Betriebsklima die Innovation im Keim ersticken. Es reicht schon, wenn die Hierarchie im Unternehmen kaum Durchlässigkeit zulässt. Innovation kann nicht verordnet werden und Mitarbeiter, die sonst noch nie etwas zu sagen hatten, kann man nicht über Nacht zu Freidenkern machen.

Es kommt eben nicht nur darauf an, Ideen zu haben, sondern auch, diese zu äußern. Die Frage ist hier, ob ein Mitarbeiter bereit ist, jede noch so verrückte und potenziell lächerliche Idee mitzuteilen. Klar, ist das auch eine Typ-Frage. Schwebt im Hinterkopf aber immer der Gedanke an die Konsequenz („Ich könnte Nachteile erfahren, wenn ich meine abgefahrensten Ideen äußere"), dann kommt die Ideation nicht in Gang, weil alle ihre Ideen für sich behalten. Unverzichtbar ist nicht unbedingt die verrückte Idee allein, sondern es ist der Diskurs, der daraus entsteht: Eine verrückte Idee wird zum Sprungbrett für die nächste. Stellen Sie sich vor, das ganze Team hüpft auf einem Trampolin. Je heftiger einer hüpft, desto mehr werden die anderen in Bewegung gesetzt. Es ist die pure geistige Bewegungsenergie, die zählt. Diese muss unbändig sein. Das geht nur angstfrei.

Während manche Betriebsstrukturen so dysfunktional sind, dass wir keine Zeit darauf verschwenden würden, Innovation herauszukitzeln, kann man in anderen Unternehmen mit kleinen Kniffen ansetzen. Es hilft, Ideation ins Off-Site zu verlagern. Ist das nicht (immer) möglich, gestalten Sie vielleicht einen Meetingraum zum Bälleparadies um. Installieren Sie Schaukeln. Rufen Sie die „Crazy Hour" aus. Ihnen wird bestimmt noch mehr einfallen, wenn Sie die Normalität erst einmal in Urlaub geschickt haben. Es geht dabei um für alle sichtbare Signale: In unserem Unternehmen ist auch Raum für Verrücktheit. Sie ist nicht nur erlaubt, sondern sogar erwünscht. Drücken Sie ihrem CEO ein Hawaii Hemd, das Thomas Magnum zur Ehre gereicht hätte, in die Hand, bevor sie das nächste Innovations-Meeting eröffnet. Setzen Sie Zeichen.

Die Offenheit der Betriebskultur können Sie getrost auch mit Transparenz übersetzen. Machen Sie Ziel und Ambition ihres Innovationsprojektes von Anfang an deutlich – nicht nur für die unmittelbar beteiligten – und versuchen Sie, möglichst viele mitzureißen. Bauen Sie einen Schaukasten (am besten nicht im Intranet, sondern real), in dem die neuesten Ideen und Fortschritte sichtbar gemacht werden. Sie werden staunen, dass der eigentlich zurückhaltende Herr Müller nach 4,5 Wochen in ihr Büro kommt und von seinen Ideen spricht. Es ist dabei egal, dass Herr Müller eigentlich gar nicht im Innovationsteam mitspielt.

Das Thema Unternehmenskultur ist ein weites Feld. Wenn wir hier große Stolpersteine wahrnehmen, empfehlen wir gerne Organisationsentwickler. Die Kulturarbeit sollte nicht dauerhaft auf der Innovationsarbeit lasten und es ist keine gute Idee, eine Kultur über das Thema Innovation ändern zu wollen. Schließlich wollen Sie in realistischer Zeit Ziele erreichen. Abschließend: Denken Sie an Paul Feyerabends (2010) Worte: „Anything goes." Ist das so in Ihrer Organisation? Ja?

2.4   Zufalls- und Fehlerkultur

Fallen Sie bitte nicht auf Induktivmärchen herein. Erfolgreiche Gründer erzählen gerne spätestens in ihrer Autobiographie, wie sie durch intensives Nachdenken und eine atemberaubende Folge logischer Schlussfolgerungen auf DIE Idee kamen. Wir können verstehen, dass man das lieber erzählt, als zu sagen, dass jeder – sogar ein Affe – diese Idee hätte haben können. Eine Idee zu haben, ist nur der Anfang. Viele von diesen Ideen entpuppen sich früher oder später als Fehler, aus denen man bestenfalls etwas lernt. Dass eine Idee zu einer Innovation wird, erfordert Experiment und Zufall. Leider werden Zufälle und Fehler immer noch nicht ausreichend gewürdigt (vgl. Parson, R. und Keyes, R. 2002) und viel zu selten in einer Laudatio gebührend erwähnt (vergleiche auch Abschn. 4.8). Wären Erfinder und Gründer ehrlich, gäbe es vielleicht eigene Abteilungen für Zufälligkeiten und bewusstes Fehlermachen: Jeder DAX Konzern hätte einen Vorstand „Zufall".

Dabei genügt schon ein Blick in die Evolutionsgeschichte, um zu sehen, dass die heutige Artenvielfalt durch fehlerhaftes Replizieren von Nukleinsäuren entstanden ist. Es beginnt mit einem Fehler, Ort und Zeit sind dabei zufällig. In den überwältigend meisten Fällen, sind Mutationen im besten Fall nicht schädlich, bringen aber keinen Benefit. Die Menge von Trials ist nur geringfügig größer als die der Errors, in beiden Fällen ist eine gewaltige Menge nötig, um eine neue Variante hervorzubringen, die der Selektion standhalten kann.

Wenn wir also propagieren, Raum für Fehler und Zufälle zu schaffen, dann dürfen wir nicht verschweigen, dass die Produktion von sehr viel Redundanz eine Folge davon ist. Die erste Idee wird es leider wahrscheinlich nicht, auch 10 Ideen reichen nicht unbedingt aus. Das richtige Erwartungsmanagement ist hier gefragt. Innovation bedeutet, einen langen Atem zu haben und viel Ausschuss aushalten zu müssen.

Was heißt Zufalls- und Fehlerkultur nun konkret für ein Unternehmen? Wir behaupten nicht pauschal, dass Fehler gut sind und wollen nicht für Rückrufaktionen von Produkten belangt werden. Es wäre allerdings schon ein Fortschritt, wenn entstehende Fehler nicht sofort und unbesehen ausgemerzt werden. Wenn eine Organisation sich dazu entschließt, Fehler zu analysieren, sollte es nicht die einzige Aufgabenstellung sein, sie in Zukunft zu vermeiden. Alexander Fleming hat Penicillin nicht erfunden. Aber er hat die vergessene Petrischale nach seiner Rückkehr aus dem Urlaub nicht unbesehen weggeworfen. Im Gegenteil: Er hat genau hingesehen und die richtigen Schlussfolgerungen gezogen. Diese Art von Fehlerkultur würde jedem Unternehmen guttun.

Wahrscheinlich scheitert der positive Umgang mit Fehlern auch daran, dass sie schlichtweg peinlich sind. Niemand stellt sich gerne hin und sagt: „Ich habe einen Fehler gemacht." Das ist auch keine Überraschung. Vieles in unserer Erziehung und dem Schulsystem läuft darauf hinaus, Fehlermacher zu diskreditieren.

Fehler passieren wie der Zufall es will. Die intelligentesten Leute in Unternehmen sollten sich diese Fehler ansehen und ihr Potenzial einschätzen. Damit wäre schon viel gewonnen. In einem Unternehmen haben wir erfolgreich die Tradition „Mistake of the month" eingeführt. Eine bahnbrechende Innovation ist unseres Wissens noch nicht daraus entstanden. Für die Unternehmenskultur ist es auf jeden Fall eine gute Sache.

2.5   Spielen

In der Wirklichkeit erweisen sich Ideen oft als fehlerhaft, was aber nicht zu der Annahme führen sollte, dass das Wirkliche der einzige Maßstab für Ideen ist. Ganz im Gegenteil: Das Potenzial einer Idee liegt in ihrer Kraft, Möglichkeiten greifbar zu machen.

Eine wundervolle Methode, um die Grenzen des Wirklichen ins Reich des Möglichen auszudehnen, ist das Spiel. Die obersten Autoritäten im Spiel sind Kinder. Wenn Sie selbst kein kleines Kind greifbar haben, dann borgen sie sich am besten eines zu Studienzwecken. Wir wollen an dieser Stelle eine kleine Episode erzählen, um zu verdeutlichen, was wir damit bezwecken:

Einer der Autoren war vor einiger Zeit mit seinem dreijährigen Sohn in einem Wissenschafts- und Technikmuseum. Dort gibt es einen Bereich, der speziell für kleinere Kinder gestaltet wurde. Ungefähr zwei Dutzend Module stehen im Raum, bunt bemalt, blinkend, interaktiv. Sie können sich das bestimmt vorstellen. Wir waren früh dran, der ganze Raum leer, nur ein etwas säuerlich dreinblickender Saalwärter war außer uns noch da, diskret und kaum bemerkbar. Der Autor schreitet zu den ersten Modulen und versucht schnell herauszufinden, was an diesen Stationen jeweils erwartet wird. Währenddessen ist der kleine Junge schon losgestürmt, packt ein paar Elemente von Modul 7 und schleppt sie zu Modul 11, wo er sie mit Bausteinen von Modul 13 kombiniert. „Genial", denkt der stolze Vater. Ein Baustein von Modul 13 fällt dabei herunter und purzelt, sich mehrfach überschlagend, eine Rampe hinunter. Sie werden erraten – bald purzeln alle Bausteine. Der Vater entschuldigt sich beim Saalwärter und beginnt, die Bausteine wieder aufzuheben und zurück zu tragen. Der entgegnet: „Lassen Sie nur. Das machen alle Kinder."

Abgesehen davon, dass er mit dieser Bemerkung den Glauben an die besondere Genialität des Sohnes zerstörte, wies der Saalwärter (wir schätzen er wurde in diesen Raum strafversetzt) auf zwei Umstände hin: Erstens sind kleine Kinder in ihrem Spiel so frei, dass sie sich nicht so leicht in ein didaktisches Konzept sperren lassen und zweitens hatten die Entwickler dieser Module es nicht für nötig empfunden, ihr Konzept an realen Kindern zu testen. Das, was den Autoren aber nachhaltig beschäftigte, war die Erkenntnis, in vorauseilendem Gehorsam die Aufgaben der Module erfüllen zu wollen. Das ist charakteristisch für unser Denken, das auf hocheffiziente Aufgabenerfüllung getrimmt ist. Was wird erwartet? Wir entsprechen dem! Das passiert uns allen. Wir müssen dringend dagegen anspielen (vergleiche Abschn. 4.4, in dem es um das Spielen als Impuls für die Ideation geht).

Spielen können, das heißt immer auch, sich in einen Zustand des Als-ob, des was-wäre-wenn versetzen zu können, heißt auch: mit dem Möglichen spielen. Um zu spielen, muss man also die Wirklichkeit einklammern, sich jedoch von ihrem Druck zum Zweck hin befreien. Wir haben es getan und bewegen immer wieder andere dazu, es auch zu tun. Beides ist eine großartige Erfahrung. Etwas erfinden, was es nicht gibt, was aber so echt als möglich aussieht, dem Ding einen Namen, eine Geschichte und eine Aufgabe geben, Veranstaltungen organisieren und es anderen zeigen, das macht Freude im Inneren, ist Balsam für die Seele. Es regt an, Dinge einfach zu machen und keine Fragen zu stellen. Zu beobachten, was passiert. Eben zu spielen. Das kann die Wirklichkeit zum Raum der unbegrenzten Möglichkeiten weit öffnen.

Versuchen Sie, Spielen auch in der Kultur Ihrer Organisation zu verankern. Wir meinen jetzt nicht Kickern. Kreieren sie ein offenes Spielfeld. Schaffen Sie Räume, in denen Dinge ausprobiert werden können.

2.6 Incentivierung vs. intrinsische Motivation

Innovationsprojekte leiden bisweilen schon von Beginn an simplen Konstruktionsfehlern. Beispielsweise werden manche Teilnehmer in ihren normalen Aufgaben auch über performanceorientierte Elemente entlohnt. Sie in eine erst einmal nicht messbare Aufgabe wie Innovation einzubinden, bedeutet, dass sie in ihrer Kern-Performance an Boden verlieren. Sorgen Sie vorab dafür, dass das kompensiert wird. Im Gegenzug warnen wir davor, für neue Ideen große Preise auszuloben. Diese Maßnahme zieht nicht nur die Gierigen an, sondern gleichermaßen eine neue Zielorientierung ein: Zu sehr schielt man auf den naheliegenden Erfolg und die naheliegenden Ideen sind noch weit entfernt von wirklichen Innovationen.

Finden Sie andere Gesten der Wertschätzung. Unterschätzen Sie nicht die Kraft des Lobes und der kleinen Aufmerksamkeiten. Schenken Sie Personen oder Teams, die sich für die Erneuerung des Unternehmens einbringen, ein besonderes Erlebnis als Auszeit vom Büroalltag (Ausflug, Kurztrip, Coaching), stiften Sie ein leckeres Frühstück oder einen Yoga-Trainer für eine entspannte Mittagspause. Belohnung will im Übrigen gerne geteilt werden.

Unserer Meinung nach sind monetäre Incentives nicht geeignet, die Motivation und Innovationskraft der Mitarbeiter für Fortschritte und Erneuerung zu steigern. Für innovative Anstrengungen ist eine ganz andere Form der Motivation ausschlaggebend und diese kann man nicht kaufen: intrinsische Motivation.

Gibt es strukturelle Voraussetzungen für intrinsische Motivation? Natürlich! Gewähren Sie an dieser Stelle Freiheit, Vertrauen und Verantwortung. Mehr gibt es dazu nicht zu sagen: Freiheit, Vertrauen, Verantwortung.

2.7   Purpose

Es gibt manche Dinge, für die es kein gutes deutsches Wort gibt und die man zu Recht in Englisch beim Namen nennt. „Purpose" gehört dazu. Die gängigen Übersetzungen ins Deutsche lauten: Zweck, Ziel, Bestimmung, Sinn. „Purpose" meint von all dem ein bisschen. Mit einem Purpose gibt sich ein Unternehmen einen Zweck, d. h. es benennt einen Bestimmungsgrund seiner auf ein Ziel gerichteten Tätigkeit, die es als seine Bestimmung darstellt, um sich dadurch in seinem Dasein und Handeln zu rechtfertigen. Ein Purpose muss deshalb authentisch, jedermann verständlich und an ethischen Grundsätzen orientiert sein, damit er diese Aufgabe erfolgreich erfüllen kann. Die Stakeholder des Unternehmens haben so die Möglichkeit, das Unternehmen für sich zu bewerten, seine Handlungen für sinnvoll oder unsinnig zu halten. Im besten Fall liegt hier eine Möglichkeit, Identifikation zu schaffen und so für eine Motivation zu sorgen, die nicht nur durch äußere Anreize geweckt werden muss.

Auch in Hinblick auf Innovation, sollten Organisationen an ihrem Purpose arbeiten. Zum einen kann ein klar und überzeugend formulierter Purpose richtungsweisend für Innovation sein, kann für Akzeptanz gegenüber dem Erneuerungskurs bei Belegschaft, Shareholdern, Kunden und Gesellschaft sorgen und stellt eine wesentliche Motivationsquelle dar. Zusätzlich macht sich das Unternehmen attraktiver für neue Mitarbeiter. Gerade jüngeren Menschen ist es zunehmend wichtiger, wofür sie arbeiten und entsprechend agieren sie bei der Wahl des Arbeitgebers anspruchsvoller.

Wie wirkt sich Purpose auf Innovation aus? Zunächst geht es darum, der Weiterentwicklung Sinn zu geben, Sinn der natürlich nicht auf die üblichen Kennzahlen reduziert werden sollte. Gelingt es, diesen „Unternehmens-Sinn" mit dem inneren Antrieb der Mitarbeiter zu verbinden, dann gewinnt man eine Kraft, die beinahe unwiderstehlich wirkt. Klar, das Unternehmen soll Geld verdienen. Klar, die Mitarbeiter bekommen Ihr Gehalt. Aber es muss noch mehr geben, um gemeinsam erfolgreich zu sein. Denn Erfolg braucht die Bereitschaft, die Extra-Meile zu gehen, sich nicht von Rückschlägen aus der Spur bringen zu lassen, aber auch während man seinen Kindern auf dem Spielplatz zusieht, eine Idee zu haben, seinen Erfahrungsschatz mit dem Unternehmen zu teilen und vieles mehr.

Wie kommt man zu einem Purpose, der dies bewirkt? Die meisten in dieser Frage Suchenden veranstalten einen Workshop. Alle werden gefragt. Das ist ein guter Start, aber dabei darf es nicht bleiben. Die Zuhör-Kultur hat seine Grenzen, ebenso wie es die Marktforschung hat. Aus der Summe der Partikularmeinungen und Befindlichkeiten wird keine kraftvolle Vision entstehen. Wozu ist der Workshop gut? Im besten Fall findet man Hinweise, an die man nicht gedacht hat. Damit kann man weitermachen.

Einen Purpose zu finden, hat mit dem Markenkern, mit der Historie, der Marktentwicklung, der Branche und nicht zuletzt mit den persönlichen Werten eines Unternehmers/Eigentümers zu tun. Ein guter Purpose transportiert das alles plus einen Blick in die Zukunft. Einen Purpose zu finden, darf nicht zu einer gruppendynamischen Wohlfühl-Übung verkommen. Er ist spitz, klar, radikal. Er ist nicht inklusiv und eine Art kleinster gemeinsamer Nenner. Ein Purpose ist wie die Flagge, hinter der sich die Ritter sammeln. Überzeugung ist dabei die stärkste Waffe. Damit genug der martialischen Vergleiche.

2.8   Auf die grüne Wiese?

Es verblüfft uns, wie viele (größere) Organisationen offenbar den Glauben daran verloren haben, sich erneuern zu können. Natürlich sagt man das nicht offen. Zu groß, zu bürokratisch, zu träge ist man geworden und deshalb gründet man aus und setzt eine Innovations-Einheit auf die grüne Wiese. Auf den ersten Blick ist das total nachvollziehbar. Sieht man die Entwicklungsgeschwindigkeit eines Start-ups und vergleicht das mit einem Konzern mit einer Menge an Prozessen, Schnittstellen und widerstreitenden Teilinteressen, so wird das Problem nachvollziehbar: Man bremst die eigene Innovation aus, bevor sie ins Laufen gekommen ist. Und gerade in diesem dynamischen Feld ist Geschwindigkeit essenziell. Dazu kommt eine Menge von Themen im zwischenmenschlichen

Bereich. Die „Alten" fühlen sich zurückgelassen, sehen neidisch auf Gunst-zuwendungen und Vertrauen, die den „Neuen" so einfach entgegenschlagen. Die „Neuen" blicken mitunter auf die „Alten" herab – sie werden als versteinerte Relikte aus grauer Vorzeit gesehen. Der Vorstand umgibt sich gerne mit den Neuen. Sie verkörpern das, was man gerne selbst darstellen will.

Bei genauerer Betrachtung sind das etablierte Unternehmen und der Greenfiel-der dann doch nicht so unabhängig voneinander. Erhebliche Transferleistungen werden erwartet, in der Regel erfolgen diese nur vom etablierten Unternehmens-teil zum neuen. Die wenigsten Unternehmenslenker machen sich klar, welche Folgen das hat.

Im Rückschluss bedeutet das Setzen auf Ausgründungen, dass man das „alte" Unternehmen aufgibt. Es ist nicht reformierbar. Die Cash Cow soll noch eine Weile gemolken werden und dann Gute Nacht! Mindestens eine gute Kommunikationsstrategie ist erforderlich. Zunächst ist Wertschätzung gegen-über dem etablierten Unternehmensteil nötig. Dazu gehört die (kommunizierte) Erkenntnis, dass ohne gut funktionierende Unternehmensteile Neuentwicklungen nicht möglich wären. Weiters ist darauf zu achten, dass es auch Transfer zurück gibt. Neue Entwicklungen werden auch dem etablierten Unternehmensteil zur Verfügung gestellt und kommen den Mitarbeitern zu Gute. Mit Technik und *Tools* darf es aber nicht getan sein. Bei einem unserer Kunden gibt es ein monatliches „Dankeschön-Picknick", das die „Neuen" für die „Alten" ausrichten. Für den Informationsaustausch ist es hilfreich, für die Akzeptanz und den Support wirkt es Wunder.

Wollen Sie Innovation einkaufen? Nur zu. Ein innovatives Unternehmen zu missbrauchen, um die eigene Unternehmenskultur aufzupeppen, ist ein abseh-barer Flop. Die wahrscheinlichste Wirkung? Mit großer Wahrscheinlichkeit wer-den Sie die dazugekommen Mitarbeiter vergraulen. Also wenn Sie einkaufen, dann bitte nicht brachial zusammenführen!

Wer also kurz davor ist, die Geduld mit seinem Unternehmen zu verlieren, der sollte vielleicht nicht nur darüber nachdenken, ob er ausgründen oder ein-kaufen will, sondern sich die weitaus härtere Frage stellen, wie das etablierte Unternehmen aus den Fesseln von Prozessen befreit werden kann. Das, was für ein Start-up richtig ist (Geschwindigkeit, Beweglichkeit, Freiraum, Eigenver-antwortung …), ist eine Erfolgs-Rezeptur für jedes Unternehmen, jeden Alters, jeder Größe. Geben Sie Ihr bestehendes Unternehmen nicht auf und überlassen sie es nicht dem Erstickungstod durch Prozesse!

2.9   Wer darf mitmachen?

Wollen Sie den frischen Wind der Innovation durch Ihr Unternehmen wehen lassen (ohne „Option Grüne Wiese"), dann stellt sich die Frage: Wer darf mitmachen? Einer unserer Kunden hatte vor einiger Zeit seinen Mitarbeitern freigestellt, sich zu gleicher Bezahlung und Konditionen und unter der Zusicherung, in seine alte Funktion zurückkehren zu können, ganz dem Thema Innovation widmen zu können. Und siehe da: Weniger als 1 % der Mitarbeiter waren dazu bereit. Das klingt zunächst einmal nach erschreckend wenig. Die geringe Partizipation reflektierte aber unserer Beobachtung nach nicht das geringe Interesse an Innovation per se. Hier fehlte es an Vertrauen, an Struktur und vor allem an einem klaren Bild davon, wohin die Reise gehen soll. Kurz gesagt: Die Aktion war grottenschlecht vorbereitet und ebenso schlecht kommuniziert.

Aber selbst, wenn die Voraussetzungen stimmen und die Agenda klar und gewinnend vorgetragen wird, muss Ihnen bewusst sein, dass Innovation die Sache einer kleinen Minderheit ist. Unter den Freiwilligen für ein Innovations-Unterfangen werden Sie wahrscheinlich eine Mischung aus unerfahrenen Jungspunden, die sich ausprobieren wollen und Leuten, die nichts oder wenig zu verlieren haben, finden. Und wenn Sie Glück haben, finden sich im Interessentenkreis noch ein paar „Perlen", die die richtige Motivation und Voraussetzung mitbringen.

Resignieren Sie jetzt nicht. Es ist nicht natürlich, aus dem Windschatten herauszutreten und sich dem Unbekannten zu stellen, besonders wenn man einen gewissen Status hat und „weiß, was man daran hat". Eine so niedrige Resonanz (wie bei dem beschriebenen Kundenprojekt) ist auch eine Folge von jahrelang nicht gelebter Partizipation, wenig Transparenz und einem Mangel an Gemeinschaftssinn. Das alles lässt sich nicht im Handumdrehen ändern.

Zunächst einmal hilft es sich klarzumachen, dass nicht das ganze Unternehmen gleichzeitig von Innovation erfasst werden kann und auch gar nicht sollte. Es gibt Bereiche, die (hoffentlich) hervorragend funktionieren und es gibt Menschen, die vor allem gut darin sind, akribisch zu arbeiten und Dinge am Laufen zu halten. Anders herum gesehen: Ein Unternehmen bestehend aus lauter Exemplaren des homo innovatoriensis ist ein Albtraum und zum Scheitern verurteilt.

Betrachten wir die vor Ihnen liegende Aufgabe: Sie wollen Neues unter Berücksichtigung von Erfahrung und unterschiedlichen Blickwinkeln aus der Organisation. Stellen Sie Ihr Team auch so auf. Reden Sie mit dem mittleren Management, finden Sie heraus, wer folgende Qualitäten mitbringt: Neugier, einen eigenen Kopf, Erfahrung, Ausdauer, die Fähigkeit zur Grenzüberschreitung. Wichtig ist, dass bei einem Kandidaten nicht alle Eigenschaften vorkommen sollen, aber zumindest drei von fünf. Bereiten Sie ihren pitch vor. Führen Sie Einzelgespräche, die möglichst konkret sind. Übrigens: Durchschauen Sie auch die Versuche des mittleren Managements, sich auf diesem Weg von unbequemen Mitarbeitern zu trennen!

Ihr Innovations-Team wird nicht beim ersten Mal stehen. Streben Sie nach Diversität und einem guten Mix an Eigenschaften. Das, was nach der konstituierenden Sitzung passiert, ist ohnehin schwer zu planen. Eines ist allerdings planbar: Stellen Sie diesem Team von Anfang an einen externen Coach zur Seite. Oft liegt nur ein kleiner Unterschied zwischen Gloria und Untergang und bereits am Anfang weist sich, in welche Richtung sich ein Team entwickelt. Wenn es Steuerungsbedarf gibt, dann muss früh, schnell und entschlossen agiert werden.

Gehört Ihr Unternehmen zum Mittelstand, werden ihre Innovatoren höchstwahrscheinlich immer noch ihren ursprünglichen Job betreiben, wenn auch eingeschränkt. Das führt zu Ziel- und Loyalitätskonflikten. Da auf der einen Seite die bewährten Seilschaften stehen und auf der anderen Seite unbekannte Größen, ist es nötig, das Innovationsteam zu stärken, und zwar schon bei der Gründung. Investieren Sie gleich am Anfang in Teambuilding, es lohnt sich. Übrigens: Auch für große Unternehmen empfehlen wir, die Mitglieder von Innovations-Teams nicht komplett aus ihren früheren Funktionen abzuziehen. Der Mix aus Gewohntem und Überschaubarem und Neuem und Überraschendem tut den Akteuren gut. Das Greifbare bildet einen guten Kontrast zum Diffusen, die radikale Freiheit entfaltet sich leichter, wenn es daneben noch Ankerpunkte gibt. Erst in einer fortgeschrittenen Phase, wenn aus Ideen Prototypen werden und schließlich neue Wertschöpfungen, überwiegen die Vorteile einer Fokussierung. Dabei möchten wir nicht unerwähnt lassen, dass die Menschen, die Ideen geliefert haben, leider nicht unbedingt die gleichen Menschen sind, die diese Ideen auf die nächste Stufe bringen können. Machen Sie von Anfang an klar, dass es hier keinen Automatismus gibt.

Abschließend noch ein nicht ganz ernst gemeinter Vorschlag für eine gute Mischung an Mitgliedern für das Innovationsteam:

- Sie, Koreanerin mit einwandfreiem Deutsch aber ausreichender kultureller Fremdheit, frisch von der Uni, in Sachen Theorie auf dem neuesten Stand
- Er, Sachbearbeiter, 25 Jahre im Unternehmen, Prozess-affin, trägt gerne bunte Pullover
- Sie, mittleres Management, ihr Kleinkind in der KITA treibt sie zu gnadenloser Effizienz

- Er, schräger Vogel, 5 Jahre im Unternehmen, passt nicht so recht rein, genießt aber dennoch Wertschätzung. Hätte auch Philosoph oder Taxifahrer werden können.
- Sie, Spät-Hippie, lacht viel und laut, ist beliebt für ihr unkompliziertes Wesen, schwankt wild zwischen verrückt und pragmatisch
- Er, Technokrat, der keinen normalen Satz rausbekommt, allerdings über viel (übertragbares) Spezialisten-Wissen verfügt und einen systemischen Blick einbringt.
- Sie, die eigentlich Tennisprofi werden wollte und viel gereist ist und nun in ihrem Unternehmen mehr durch Zufall gelandet ist. Erfrischende optimistische Persönlichkeit ohne allzu viel fundiertem Background.

Sie verstehen, was wir meinen? Auf Diversität kommt es an!

2.10   Ziele erreichen (ohne Zielorientierung)

„Wir leben in einer verdammten ‚Um-zu-Zeit‘!" (Serge Blondeau, nach Feyerabend 1994)

Wir wettern gerne über totale Zielorientierung als Killer der Ideation (mehr dazu in den beiden folgenden Kapiteln über Anarchie und Ideation), dennoch braucht auch ein Innovationsteam Ziele. Im Gegensatz zu herkömmlichen statischen Zielen müssen sie allerdings wandlungsfähig sein und außerdem hilft es, sie kreativ zu verpacken.

Warum braucht man für diese Aufgabe überhaupt Ziele? Die bisweilen geäußerte Furcht, Mitglieder eines Innovationsteams würden sich auf die faule Haut legen und ihren Sonderstatus ausnutzen, ist in allen Fällen, die wir bisher beobachten durften, nicht zutreffend. Im Gegenteil – diese Menschen setzen sich häufig mehr unter Druck, als es jeder Manager bei gesundem Verstand tun würde. Die Wahrheit ist, wir kommen in unserer Kultur schlecht klar, ohne Ziele und Zwischenziele, das haben wir einfach zu früh und zu tief verinnerlicht.

An dieser Stelle empfehlen wir die Lektüre von Ernest Shackletons Autobiographie (Shackleton, 2017). Sein ursprüngliches Ziel, für das er von der Royal Geographical Society gesponsert wurde, war es, den Südpol zu durchqueren. Als das Expeditionsschiff zu früh im Packeis festfror und schließlich zerbarst, entstand ein fesselnder Überlebenskampf mit immer neuen Wendungen. Die große Leistung des Expeditionsleiters bestand darin, immer neue Ziele zu setzen und seine Mannschaft dabei mitzunehmen. Am Ende überlebten alle die gut zweijährige Tortur. In Sachen Wendungen können wir also von Shackleton lernen.

Können Sie ein Ziel nicht erreichen, definieren Sie ein neues. Machen Sie klar, warum das alte Ziel nicht mehr verfolgt wird, warum ein neues Ziel angezeigt ist und wie dieses erreicht werden soll. Beziehen Sie die Mannschaft ein, besser noch, lassen Sie das Innovationsteam über kurz oder lang selbst über die nächsten Ziele entscheiden.

Verfehlte Ziele sind keine Tragödie. Versuchen Sie sich einmal daran zu erinnern, wen Sie im Alter von 15 Jahren unbedingt heiraten wollten. Innovatoren sind ein wenig wie 15-jährige: Bewegt von starkem Drang, ohne Plan und sehr auf sich selbst bezogen. Objekte des Begehrens ändern sich schnell. Entscheidend ist es zu begehren! Dieser „intrinsische Bock" ist natürlich besser und deutlich angenehmer als ein Überlebenskampf à la Shackleton. Richten Sie den Blick überwiegend nach vorne. Keine ewig langen zersetzenden Analysen, warum dies oder das nicht geklappt hat, schon gar keine Schuldzuweisungen! Weitermachen, weiterspielen, das nächste relative Ziel vor Augen.

Wie kann man kreativ mit Zielen umgehen? In Abwesenheit belastbarer KPIs, lohnt es sich kreative Ziele einzuziehen. Ziele zu erreichen, löst Glücksgefühle aus. Es ist sekundär, dass diese Ziele in den Augen mancher als irrelevant oder sogar als albern angesehen werden. Zielerfüllungserlebnisse sind unerlässlich. Jeder der Innovation anregt muss verstehen, dass sich der Weg dorthin bisweilen wie ein endloser Marsch durch die Wüste anfühlt. Erfolgserlebnisse am Weg sind wie kleine Oasen – überlebenswichtig!

Machen Sie beispielsweise die Innovatoren selbst zum Zielhorizont: jeden Monat eine neue kleine Qualifikation erwerben, jede Woche einen unbekannten Ort in der eigenen Stadt aufsuchen, eine Ausstellung oder eine unvertraute Tätigkeit ausführen oder am besten alle drei Dinge gleichzeitig. Die Kreativität lässt sich hervorragend auch an der restlichen Organisation abarbeiten und übertragen: Jede Woche ein neues Bild aufhängen, die Telefonansage ändern, jede Woche zu einem Themenfrühstück einladen (natürlich mit wechselnden Themen).

Ob die neuen Ziele etwas taugen, lässt sich ganz einfach überprüfen: Erzeugen sie einen unwiderstehlichen Sog, oder verlieren sie schnell an Anziehungskraft? Setzen Sie auf die Intuition, setzen Sie auf Ziele, die ihre Leute in Bewegung bringen und dabei ein Lächeln, bei Zeiten auch ein erleichterndes Gelächter freisetzen. Solche Etappenziele zu setzen (und auch zu erreichen) kann also die Motivation deutlich verbessern und allen ein Gefühl vermitteln, dass sie auf dem Weg sind, auch wenn dieser noch weit ist, vielleicht sogar noch weiter.

2.11   Abschottung vs. Open Source

Wenn wir mit einem Unternehmen über das Thema Innovation in Kontakt kommen, führt ein nettes unverbindliches Gespräch schnell dazu, dass wir bei Frau Dr. Stackenblacken (der Name ist aus Sicherheitsgründen zur Unkenntlichkeit verfremdet) in der Rechtsabteilung landen. Bevor wir uns versehen, wird uns finanzieller Ruin bis zu unseren Nachfahren in dritter Generation versprochen – für den Fall, dass wir etwas auch nur annähernd Geheimes ausplaudern.

Weil unsere Sehnsucht nach Einkommen größer ist als unsere Angst vor Ruin, unterzeichnen wir in der Regel derartige NDAs und halten uns auch peinlichst daran, um unseren noch ungeborenen Enkelkindern nicht zu schaden.

Doch ist das Geheime wirklich so geheim und ist es auch als solches schützenswert? Daran haben wir oft Zweifel. Erzählten wir in unseren Freundes- und Bekanntenkreisen über irgendwelche Geheimprojekte, würden wir wahrscheinlich eher ein müdes Lächeln als Faszination ernten. „Das gleiche macht im Moment Unternehmen xyz", wäre eine wahrscheinliche Antwort. Wir wollen Ihr Unternehmen an dieser Stelle wirklich nicht geringschätzen. Sie sind bestimmt schlau. Aber was ist mit dem Potenzial von Millionen von Menschen da draußen, die gemeinsam über einen gewaltigen Freiraum zum Denken und entsprechende Phantasie verfügen? Was könnten die alles aus einer Aufgabenstellung machen?

Die Wahrscheinlichkeit, dass einem eine gute Idee geklaut wird, ist mittelgroß. Die Wahrscheinlichkeit, dass einem jemand erklärt, dass das, was man für eine gute Idee hält, eigentlich eine lausige Idee ist, ist größer. Die Wahrscheinlichkeit, dass jemand da draußen die eigene Idee verbessern oder sie ganz durch eine bessere Alternative ersetzen kann, ist noch größer. Schade, dass das noch nicht in die Unternehmenszentralen durchgedrungen ist, denn die allermeisten Unternehmen schotten sich ab. Dass sie dadurch unter dem Strich gewaltiges Potenzial verschenken, ist ihnen nicht bewusst. Die Entwicklungsabteilungen großer Konzerne sollten unbedingt Open Source Projekte werden. Was wäre alles möglich!

2.12   Nachhaltigkeit von Innovation

Wir haben es in der Einleitung schon angesprochen: Innovation funktioniert nicht als One-Hit-Wonder. Natalie Imbruglia, beispielsweise brachte fünf Alben und 11 Singles heraus. Ihr erster Hit *Torn* blieb ihr einziger. Für Natalie war das nicht weiter schlimm, denn sie hatte danach Erfolg als Schauspielerin und als Gesicht einer Kosmetikmarke. Bei Scatman John lief es umgekehrt: 25 Jahre dümpelte seine Musikkarriere im Stillen dahin, bevor er seinen einzigen Hit landen konnte.

Vielleicht stellt sich im Nachhinein heraus, dass auch unter den vielen zukünftigen Ideen, die Ihr Innovationsprojekt hervorgebracht haben wird, nur eine einzige Idee das Zeug zum Hit hat. Aber das bedeutet nicht, dass Sie nur einen Song schreiben sollten.

Das Studium erfolgreicher Ideen macht eines klar – im „Heureka" Moment war meistens der spätere Erfolg alles andere als klar. Meistens wurde dabei nicht einmal „Heureka" gerufen, weil das Potenzial der Idee erst später und oft erst von Anderen erkannt wurde. Manchmal mussten Erfinder zu ihrem Glück gezwungen werden, manchmal eine große Portion Zufall mithelfen. Die einzige Chance die Sie als Innovator auf Erfolg haben, ist eine Vielfalt von Ideen zu produzieren und zu hoffen, dass bei einer Idee alles zusammenkommt: die Idee ist wirklich gut, niemand anderer hatte dieselbe Idee, sie kam nicht zu früh, sie kam nicht zu spät, sie konnte in Ruhe wachsen und wurde zum Beispiel nicht in einen Rosenkrieg verwickelt etc.

Organisieren Sie ihren Ideen-*output* wie eine buddhistische Gebetsmühle: Umdrehungen nicht per Zeiteinheit, sondern per Gelassenheit. Immer weiter, der Weg ist der Weg. Im Laufe der Zeit wird ihr Team geübter dabei und die Ideenproduktion stetiger. Auch die Temperaments-Ausschläge beruhigen sich – kein Himmelhoch-Jauchzen, kein zu-Tode-Betrübt-Sein, dafür entsteht ein Gespür für Potenzial und Möglichkeit auf der Basis einer heiteren, neugierigen verspielten Gelassenheit. In diesem Moment funktioniert Ihr Innovations-Motor.

Damit es so bleibt, werfen Sie immer wieder neue Impulse ins System. Menschen verlassen die Ideation und begleiten einen Prototypen in die Umsetzung zur Marktreife. Neue Menschen kommen dazu. Personelle Fluktuation passiert also zwangsläufig. Der einzige Steuerungsbedarf besteht darin, für eine gewisse Stetigkeit zu sorgen. Auch neue Themenfelder tun dem Team zwischenzeitlich gut. Stecken Sie ihr Team zusammen mit einem Innovationsteam aus einem anderen Unternehmen einer anderen Branche. Bringen Sie Ihr Team mit Forschern zusammen, egal ob sich deren Forschungsfeld um parasitäre Schmetterlinge oder um soziale Fragestellungen dreht.

Verstehen Sie Ihr Innovationsfeld als ein Perpetuum Mobile. Kaum hat eine Idee das System verlassen, beginnt man von vorne. Der Markt gibt Ihnen dabei recht, denn er bleibt auch nicht stehen. Ein Fehler, den wir beobachten, ist die Rückkehr zur Ruhe nach erfolgreicher Implementierung eines neuen Ansatzes. Man hat ja der Innovation jetzt genüge getan. Für Innovation gibt es aber leider keine Gültigkeitsdauer wie bei Ihrem Reisepass. Ruhe ist nie. Damit sich das Ganze nicht einmal ansatzweise wie bei *Sisyphos* anfühlt, betonen Sie das spielerische Element, den Reiz, immer wieder etwas Neues auszuprobieren, auf neue Antworten neue Fragen zu stellen und als Mensch und als System zu wachsen.

2.13   Risiken einer innovativen Betriebskultur kennen und erkennen

Bis jetzt klingt alles großartig. Doch bevor Sie den Innovations-Kontrakt unterschreiben, sollten Sie das Kleingedruckte lesen! Die bereits angedeuteten Risiken wollen wir noch einmal zusammenfassen:

- Sie setzen den Bedarf an Ressourcen und Zeit zu gering an und überreizen dadurch ihre Möglichkeiten.
- Sie erreichen schnell ein zu naheliegendes Ziel und hören danach auf.
- Sie „gewinnen" die falschen Personen für Ihr Innovationsprojekt, stereotyp denkende Selbstdarsteller, denen es nicht um eine Erneuerung geht, sondern um eine Bühne für ihren Auftritt.
- Sie investieren zu früh in teure Technologie, die sich später als für die Fragestellung unzutreffend erweist: Sie verbrennen viel Geld!
- Sie entwerten ihr existierendes Geschäftsmodell und demotivieren die Menschen, die daran beteiligt sind.
- Sie begeben sich in eine Achterbahn der Stimmungen, die zu mehr Frustration als zu Erfolgserlebnissen führt.
- Sie halten nicht nach und das Projekt versandet schnell. Das war's dann.

Sie haben recht: Die Überschrift bezieht sich auf Betriebskultur. Ein Innovationsprojekt in einem starren System kann sich auswirken wie ein Prager Frühling zu Sowjetzeiten. Natürlich ist dieser Vergleich unpassend. Aber seien Sie sich im Klaren, dass sie Freigeister wecken, In-Fragesteller auf den Plan rufen und auch notorische Besserwisser. Die schlimmsten von ihnen wissen es tatsächlich besser.

Die Kluft zwischen den Apparatschiks und den Ausprobieren-Wollern wird wachsen und Unruhe entstehen. Wenn Sie zu den Apparatschiks gehören, dann finden Sie sich in einem System wieder, das einfach nur abstoßend ist: eine Horde gut gelaunter Menschen, die das, was Sie sagen, hinterfragen und denen ihr Titel keine Angst einflößt. Typen, die jeden Tag etwas neues aushecken, sich in der Freizeit treffen (übrigens ohne über Sie zu reden, denn es gibt beileibe spannendere Themen), die unautorisiert ihr Büro ausmalen und Schreibtische verschieben, im schlimmsten Fall sogar zersägen, um daraus Brennholz zu machen, auf deren knisterndem Feuer sie Kartoffeln rösten. Wir haben Sie gewarnt!

Anarchie im Kopf 3

In Kap. 2 haben wir ein schönes Glashaus gebaut. Nun können wir endlich beginnen, mit Steinen zu werfen. Am liebsten würden wir mit unseren Kunden immer sofort mit der Ideation starten. Es ist der mit Abstand aufregendste Teil der Innovationsarbeit. Wir lieben es zu sehen, wie Teilnehmer Mut sammeln, Denk-Grenzen überschreiten und das Spiel neu für sich entdecken. Mittlerweile haben wir gelernt, dass es vernünftig ist, erst vorbereitende Fragen, beschrieben von Abschn. 2.1 bis 2.13 zu klären. Diese Kapitel sind quasi unsere Disclaimer für das, was nun folgt: Freidenken.

Wir haben bewusst den Begriff „Anarchie" verwendet, auch wenn man dabei schnell Befindlichkeiten auslösen kann. „Anarchie" bedeutet eben für die meisten ein Zustand der Gesetzlosigkeit, der fließend in politische Wirren und bewaffnete Konflikte übergeht. Doch erst in der Zeit der Französischen Revolution wurde der Begriff „Anarchist" instrumentalisiert, um das vorherrschende System von Unterdrückung zu rechtfertigen und Gegner zu diskreditieren. In der Antike bedeutet der Begriff „An-Archie" einfach die Abwesenheit eines Alleinherrschers. In der Philosophie steht „Anarchie" für einen gesellschaftlichen Zustand, in dem eine minimale Gewaltausübung durch Institutionen und maximale Selbstverantwortung des Einzelnen vorherrscht. William Godwin (Godwin 2013) formulierte, „dass jedwede obrigkeitliche Gewalt als ein Eingriff in die private Urteilskraft anzusehen sei".

Wir plädieren für Anarchie in der Ideation, weil wir jeden Eingriff – sei es durch Hierarchie, Methodenlehre oder Gruppendynamik – in das freie Denken der Menschen ablehnen. Alles, was die Freiheitsgrade verringert, ist schlecht. Die erodierenden Prozesse des Nützlichen, des Machbaren und des Opportunen setzen früh genug ein, wenn es darum geht aus Ideen Geschäftsmodelle zu bauen.

© Springer Fachmedien Wiesbaden GmbH, ein Teil von Springer Nature 2020
S. M. Garzarolli und M. Kiel, *Struktur und Anarchie: Wie Innovation gelingt*,
essentials, https://doi.org/10.1007/978-3-658-29670-4_3

Die Ideation ist ein freier kindlicher Spielplatz, der von allem kompromittierenden Material freigehalten und geschützt werden muss.

Wie beginnt man mit Ideation? Routinierte Kollegen werden schnell auf Design Thinking, Design Sprint, Business Model Canvas, Lego Serious Play und dergleichen verweisen. Kann man machen, wir finden, sollte man aber nicht.

Es ist – unserer Überzeugung nach – widersinnig, sich auf das Terrain der Innovation zu begeben und dabei nach Rezept zu kochen. Methoden spiegeln uns eine Sicherheit vor, die es nicht gibt. Nehmen Sie Design Sprint: Diese Vorgehensweise suggeriert Schnelligkeit. Die Erwartung, dass Innovation schnell passieren muss, ist jedoch nicht angemessen und eher kontraproduktiv.

Lego Serious Play, um eine andere Herangehensweise zu nennen, ist im Ansatz eine wundervolle Sache. Wir applaudieren dem Prinzip des „Thinging", also mit den Fingern zu denken und wir finden es auch gut, dass Objekte entstehen, die man – im Gegensatz zum flüchtigen Wort – auch eine Stunde später noch betrachten kann – und das aus allen möglichen Blickwinkeln. Aber, was uns daran stört, ist das Wörtchen „Serious". Manchmal muss man die Bausteine auch total zweckentfremden – bis hin zur Zerstörung. Oder sie einfach in der Box lassen, wenn die Energie fließt und nicht auf einem Brettchen mit Noppen begrenzt werden will.

Wir können verstehen, dass man beim Betreten des dunklen unbekannten Raumes der Idee nach Halt sucht. Wir übersehen dabei, dass dieser Halt die zu findende Idee kompromittiert. Der Physiker Werner Heisenberg formulierte 1927 die bis heute gültige Unschärferelation. Ohne tiefer in die Kernphysik eintauchen zu wollen: Heisenberg zeigte, dass es unmöglich ist, ein Elementarteilchen festzunageln (Heisenberg 2011). Das, was sich in rasender Geschwindigkeit bewegt, kann nicht gleichzeitig in einem Raster eingebunden werden, Position und Bewegung gleichzeitig zu bestimmen, ist nicht möglich. Analog – wenn Ideen in einem Raster gehalten werden, wird ihre Beweglichkeit verändert und eingeschränkt.

Die artgerechte Haltung von Ideen ist „free range". Je freier ihre Bewegung ist, desto besser für unsere Arbeit. Alles, was wir tun können, ist eine Abschussrampe für die Idee zu bauen. Wenn Mindfracking zur Ideation übergeht, tun wir in Wirklichkeit nichts anderes als das: Abschussrampen bauen.

Ideation, Vollstoff

4

Nun gilt nur mehr eines: Ran an die Idee! Fragt man Beteiligte, was dabei vor allem benötigt wird, lautet die Antwort meistens „Kreativität". Selbiger attestiert man, dass man sie hat oder eben nicht, so als wäre sie eine Art Laune der Natur. Kreativität hat mit Innovation vieles gemeinsam: Beides sind beispielsweise schwammige Begriffe. Kreativität ist in unseren Augen nichts anderes, als die Synapsen frei schwingen lassen zu können. Und das kann man trainieren. Unser innovatives Zirkeltraining umfasst dabei acht Stationen. Hier macht man sich fit für Ideation. Unter dem Codewort „Golden 8" (siehe Abb. 4.1) kann man sie auch bei uns buchen – ein Impuls nach dem anderen.

4.1   Nur Mut!

Erst einmal muss man sich eine Idee überhaupt zutrauen. Und schnell stößt man dabei an alte und früh gelernte Glaubenssätze. Es reicht oft schon, wenn die eine oder der andere früher regelmäßig hörte „Sag nicht sowas Dummes", um später auch als längst Erwachsener, Angst vor der Blamage, die mit einer unausgegorenen Aussage einhergehen könnte, zu haben. Eine angstfreie Unternehmenskultur zu schaffen, ist eine Sache, aber sie löst nicht das Problem der selbst-verordneten Zurückhaltung hinter der letztendlich die Angst vor Ablehnung steht. Weg mit den negativen Glaubenssätzen! Wir verordnen die befreiende Wirkung des Unsinns, bisweilen maskiert als Albernheit. Denn Unsinn wird, verabreicht mit Humor, bekömmlicher. Fortgeschrittene haben den Unsinn längst als wertvolle Quelle für originelles Denken zu schätzen gelernt und können sich auch ganz ernsthaft mit ihm in der Öffentlichkeit zeigen.

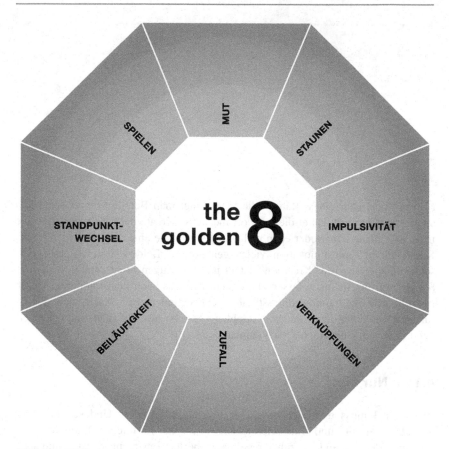

Abb. 4.1 Golden 8

Die Ermutigung des Einzelnen, um abgefahrene Gedanken zu fassen und zu teilen, ist die zentrale Aufgabe zu Beginn der Ideation. Wir arbeiten mit Sinn, Unsinn und Widersinn Letzterer bezeichnet im Gegensatz zu Unsinn nicht die Abwesenheit von Sinn, sondern eher die Unmöglichkeit, einzelne Elemente zu einem sinnvollen Ganzen zusammenzufügen. Widersinn ist für Innovatoren besonders spannend, denn er eröffnet ein Spannungsfeld, das zu bisweilen nicht offensichtlichen, aber umso originelleren Auswegen führt. Durch den Fokus auf die inhaltliche Dimension – auf Sinn, Unsinn und Widersinn – reduzieren wir die soziale Dimension – also Scham, als unintelligent wahrgenommen zu werden. Falls nötig, können individuelle Coachings den Rest an Zurückhaltung abtragen.

4.2 Staunen

„Wir werden nicht älter mit den Jahren, wir werden neuer jeden Tag." (Dickinson, Emily 2015).

Dinge so zu sehen, als wäre es das erste Mal – auch das kann man üben. Es geht darum, sich von Erfahrung und Meinung zu befreien und einen unverstellten Blick auf das Eigentliche zu bekommen. Staunen führt zum Erkennen und schließlich zum Neu-Erkennen. Methodisch wird das Staunen zum Beispiel in der Interaktion zwischen Weißclown und Rotclown zum Vorschein gebracht. Federico Fellini (zitiert nach: Werner-Lobo, K. 2016) sagte über sie: „Es ist der Kampf zwischen dem stolzen Kult der Vernunft, der zum anmaßenden Kult des Ästhetizismus wird, und dem Instinkt, der Freiheit des Triebes." Der Rotclown ist wie ein Kind, der den Dingen vollkommen offen und naiv entgegentritt. Sein Staunen und seine grenzenlose Naivität sorgen gemeinhin für Lachen.

Wir nutzen das Staunen, um Dinge, Prozesse, selbst die einfachsten Dinge komplett zu hinterfragen. Nichts ist gegeben, Tabula Rasa. Welche Möglichkeiten gibt es, ein Glas Wasser zu trinken? Was kann man alles mit einem Kugelschreiber machen? Derartige simple Experimente ermöglichen uns auch, in komplexen Dingen und Abläufen neue Ansätze zu entdecken. Dabei ist das Staunen selbst nicht gefühlsneutral. Wo Staunen auftritt, ist Begeisterung nicht weit. In unseren Formaten nutzen wir das Staunen und die mit ihm einhergehende Entdeckerlust, um eine introvertierte Begeisterung auszulösen. Die Beschäftigung mit unserer Wahrnehmung hat weit größeres Potenzial als die Glas-halb-voll-Mentalität.

4.3 Impuls-Steuerung

Gehören Sie auch zu den Leuten, die sich öfter ärgern, vor zehn Minuten spontan nicht die richtige Antwort gegeben zu haben? Die Sache mit der Schlagfertigkeit ist nicht primär eine Frage der Intelligenz. Kommt uns jemand zum Beispiel unverschämt, laufen sofort alle möglichen Programme ab: Wir fühlen uns zurück in Schule oder Kinderstube versetzt, mit unserer Unzulänglichkeit konfrontiert, geraten in die Defensive oder gehen vielleicht im nächsten Moment patzig in den Gegenangriffs-Modus über, je nachdem. Dieser emotionale Impetus erzeugt einen Nebel, hinter dem die Gedanken verschwinden. Wir haben keinen Zugang mehr zu unserem ersten inhaltlichen Impuls.

Dasselbe Prinzip gilt auch für einen lebhaften Diskurs oder für Brainstormings, wenngleich meist emotional weniger aufgeladen. Warum funktioniert

der Zugriff auf die ersten Impulse nicht? Die Abläufe unserer Gedanken sind
geprägt von Filtern, derer wir uns oft gar nicht mehr bewusst sind. Sie wirken
wie eine vorgeschaltete Zensurbehörde, die Verbotenes, Unmögliches, potenziell
Grenzüberschreitendes unterdrückt.

Die aus unserer Sicht zentrale Frage dieser Geschichte lautet: Können wir
unseren ersten Impuls für die Ideation nutzen? Nicht den zweiten oder den
dritten – nein, den ersten rohen unzensierten Impuls – diesen Rohdiamanten
suchen wir für die Zwecke der Innovation. Über den ersten Impuls finden wir
den Zugang zu unseren Instinkten, die wie ein *half volley* den Ball ohne lange
nachzudenken, unerreichbar ins Feld zurückspielen können. Schnelligkeit und
Improvisationsfähigkeit sind zwei *Benefits*. Aber es gibt noch weitere: Derartige
impulsartige Schnellschüsse ziehen unsortierte und unangepasste assoziative
Ebenen ins Gebäude unserer Gedanken ein, die wir rein verstandesmäßig nicht
erschließen können. Sie erweitern die Fragestellung und öffnen den Blick für
scheinbar unmögliche Möglichkeiten.

Wir nähern uns dem ersten Impuls unter anderem mit Techniken des
Improvisationstheaters. Wieder nutzen wir Humor als Mediator, der es erleichtert,
sich auf die Sache einzulassen. Diese Aspekte des Trainings bewirken in vielen
Bereichen Erstaunliches – zum Beispiel für das erfolgreiche Führen von Ver-
handlungen. Generell unterstützen derartige Übungen die Souveränität und
Authentizität der Teilnehmer und wirken sich positiv auf das Miteinander aus.

4.4   Spielen und Freidrehen

Warum Innovatoren spielen sollten? Zunächst geht es um die fundamentale
Befreiung vom Zweck. Der Zweck wirkt wie eine sich immer weiter verengende
Leitplanke auf unser Denken. Um nicht hinein zu krachen, richten wir unseren
Blick immer weiter und immer starrer nach vorne. Für Innovation ist Zweck-
orientierung deshalb Gift, denn sie versperrt uns die Sicht auf das weite Feld der
Möglichkeiten, links und rechts des gedanklichen Fahrstreifens.

Beobachten Sie einmal Kinder beim Spielen: Logik und Stringenz werden
schnell über Bord geworfen, wenn sie im Weg stehen. Die Vorstellung davon
wie Dinge sein könnten, wird vom Reality Check befreit, die kindliche Phantasie
wirkt wie eine Brücke, die sämtliche Brüche überwinden kann. Das ist Material,
aus dem eine echte Utopie entstehen kann.

Erwachsene haben häufig das Spielen verlernt und keinen Zugang mehr zu
der damit verbundenen gedanklichen Freiheit. Zum Glück ist das Spiel – selbst

aus einem sehr ernsthaften Erwachsenen – leicht wieder herauszukitzeln. Es braucht gar nicht so viel: Beginnen Sie mit einem offenen Spielfeld. Laden Sie aktiv zum Spielen ein. Stellen Sie kleine Herausforderungen. Loben Sie vielleicht kleine Incentives aus. Wenn das Management zeigt, Spielen ist ok, dann kommen diejenigen, die sich hinter ihrer Professionalität verstecken, langsam aus der Deckung. Manche werden es nie tun. Das ist auch ok. Die Erfahrung zeigt, spiel-affine Menschen sind auch gut in Sachen Innovation.

Nicht nur kollektiv und im Unternehmen kann Zweckfreiheit geübt werden. Gönnen Sie sich auch rein persönlich dieses Erlebnis, es wird Ihnen gut tun. Gründen Sie einen Verein, den niemand braucht. Schreiben Sie einen Blog, den niemand liest über ein Thema, das niemand interessiert. Aber machen Sie es! Damit es nicht eintönig wird, laden Sie Freunde dazu ein. Wenn nötig, betrinken Sie sich dabei, damit der Einstieg in die Welt der Zweckfreiheit leichter fällt. Wir haben es getan und dabei erfahren: Es ist großartig und unbeschreiblich.

Um es ein wenig konkreter zu machen: In ein paar Wochen steigt ein Konzert eines nicht existenten Fussballvereins (Rotor FC) aus einer Stadt die es nicht gibt (Cyneburg – eine Stadt, die trotz ihrer Nicht-Existenz stolz auf ihre großartige Geschichte zurückblickt) mit einem kanadischen Liedermacher, der als zutiefst exzentrisch bezeichnet werden kann. Das Thema der Veranstaltung: Annual Cyneburg Greenkeeper Convention. Keine Ahnung, was das mit dem Konzert zu tun hat, aber die Brücke wird in der Anmoderation bestimmt geschlagen werden. Im Publikum unserer unregelmäßigen Veranstaltungen befinden sich dabei immer ein Drittel völlig nichtsahnender Leute. Ihre ratlosen Gesichter sind Quell großer Freude. Die Außenwirkung ist ein großer Spaß, die Innenwirkung verblüffend: Befreiend, wie ein Stretching für Synapsen, das gleichzeitig mit hohem Spaßfaktor einhergeht. Das Bewusstsein wird erweitert – und das auch ganz ohne Drogen. Derartige zweckfreie Projekte regen an, Dinge einfach zu machen und keine Fragen zu stellen. Man kann ja auch nichts falsch machen! Dabei beobachten wir, was passiert, ohne es zu bewerten. Wir kommen ins Spielen.

Schreiben Sie uns, was Sie getan haben, um komplette Zweckfreiheit zu erreichen. Wir sind gespannt! Wenn es Ihnen schwerfällt, haben wir ein paar Tipps.

Ein weiterer großer Vorteil des Spielens liegt in der Vertiefung, die mit ihm einhergeht. Gelingt der Zugang zum Spiel, sind alle störenden Einflüsse von außen für eine Weile abgeblockt. Wir werden wirksam mit großer Intensität, ohne das als anstrengend zu empfinden. Im Gegenteil – wir spüren Freude und kehren auch später immer wieder gerne in diesen Zustand zurück. Spielen wird zum Selbstläufer für Innovatoren.

4.5   Perspektiven und Standpunkte Wechseln

Das Zitat „Was kümmert mich mein Geschwätz von gestern?" wird fälschlicher-
weise Konrad Adenauer zugeschrieben und irritiert zunächst. Keine Frage, in
unserer Kultur ist Stringenz gefragt, allzu leichtfertiger Zungenschlag hingegen
verpönt. Nun wollen wir aber nicht über Werte und Haltungen verhandeln, sondern Innovatoren weiterbilden. Dazu gehört der rasante Standpunktwechsel
unbedingt dazu. Wenn wir über Perspektivenwechsel sprechen, meinen wir nicht
nur beispielsweise die Haltung von Kunden einzunehmen. Wir meinen, sich radikal selbst zu widersprechen, unmögliche Positionen einzunehmen, mit allen ver-
fügbaren dialektischen Mitteln – gerne auch politisch inkorrekt.

Nach dem Vorbild der Marx Brothers (siehe auch Abschn. 5.4) üben wir uns
im Tempo der Neuerzählung einer Geschichte, im Umwerfen von Drehbüchern
und geben unseren Regisseuren maximale künstlerische Freiheiten (vgl. z. B.:
Marx Brothers 1933). Indem wir Stringenz auflösen, trainieren wir unsere Leicht-
füßigkeit und Beinfreiheit, um in der Analogie der unteren Extremitäten zu
bleiben.

Standpunktwechsel wenden wir auf konkrete Konzepte genauso an, wie auf
komplette Organisationen oder eine erste Idee. Diskussionen mit geübten Stand-
punktwechslern sind übrigens besonders zielführend. Man verbuddelt sich nicht
in Haltungs-Gräben und findet es leichter, andere Standpunkte nachzuvollziehen.
So gewinnen Diskurse durch die Implementierung von Pluralität und Diversität.

4.6   Wenn Sie „Serendipity" nicht aussprechen
können, sagen Sie einfach „Beiläufigkeit"

Das nächste große Ding kommt nicht immer mit einem lauten Knall. Leider
müssen Impulse aber sehr grell und laut sein, um die schwer zu überwindende
Schwelle unserer Aufmerksamkeit zu überspringen. Beinahe alles Beiläufige
bemerken wir nicht. Damit verlieren wir leider großartiges Potenzial für die
nächste Killer-Idee. Denn der Killer kommt bisweilen auf leisen Pfoten.

Um die Reizschwelle zu senken und unser Aufnahmevermögen wieder zu
steigern, gilt es zunächst einmal das Reiz-Verarbeitungssystem zu beruhigen.
Weniger Beats pro Zeiteinheit, langsamer fortbewegen, den eigenen Sinnen eine
Chance geben, ist die Botschaft. Ob die Begriffe „Sinn" und „Sinne" sich zufällig
ähneln? Was meinen Sie?

Wer den Flügelschlag eines Marienkäfers hört, ist jedenfalls am Ziel.

Wir üben Beiläufigkeit unter anderem mit Experimentellem Reisen (siehe Abschn. 5.3) oder in unserem Reduktions-Labor, denn Inspiration flüstert gerne.

4.7   Verknüpfer und Strippenzieher

Was verbinden Sie? Wie verbinden Sie? Zum Beispiel Frau und Mann? Apfel und Baum? Alles, was nahe liegt? Alles was schon immer zusammengehörte? Verknüpfungen sind ein wesentliches Element von innovativem Denken. Bisweilen reicht es, eine Würstchenbude nach Neuseeland zu verschiffen, um innovativ zu sein. Ein bekanntes Element kombiniert mit einer unwahrscheinlichen Verknüpfung.

Keine Sorge: Wenn Sie Naheliegendes miteinander verbinden, ticken Sie völlig normal. Wir allerdings üben das Gegenteil. Wir bringen Sie dazu, Dinge zu verbinden, die so gar nichts miteinander gemeinsam zu haben scheinen. In unseren Seminaren lernen die Teilnehmer, die unwahrscheinlichsten Verknüpfungen herzustellen. Was anfangs nur mühsam in Bewegung kommt, wird im Laufe der Zeit immer leichter. Unwahrscheinliche Verbindungen zu verargumentieren, ist der erste Schritt. Als Folge erweitert sich auch der Radar für Relevanz: Der geübte Verknüpfer erkennt gedankliche Schnittstellen, die ihm vorher komplett durchgerutscht wären.

Dabei werden auch Kategorien aufgebrochen. Diese Herangehensweise wird übrigens einem sehr aktuellen Trend gerecht – Ideen und Entwicklungen überspringen mittlerweile die unsichtbaren Grenzen zwischen Branchen – Sie lösen sich auf.

4.8   Wie es der Zufall will …

Wie viele Innovationen gehen anteilmäßig auf das Konto des Zufalls? Darüber gibt es keine verlässlichen Zahlen. Wir schätzen, dass Zufall an zumindest 80 % der Neuentwicklungen zumindest beteiligt ist.

Der Zufall ist wie eine Gabe, die es dankbar anzunehmen gilt. Der Zufall ist ein seltener Gast. Man muss demütig auf ihn warten und bereit sein ihn anzunehmen, wenn er dann mal kommt. Denn der Zufall ist sehr schlecht darin, sich anzumelden.

OK. Es gibt sie – Randomisierungs-Techniken. Damit kann man dem Zufall auf die Sprünge helfen. Derartig provozierte Zufälle haben nicht den Wert des

Blitzes aus heiterem Himmel, aber sie sind durchaus nützlich und hilfreich. Sie addieren Elemente, die nicht eingeplant waren, sie bringen Reihenfolgen durcheinander und sie erfordern sehr viel Flexibilität. Vor allem lernen wir, einen wertvollen Zufall zu erkennen, wenn er vor unsere Füße fällt. Wir widmen deshalb eines unserer Module ausschließlich dem Zufall und erforschen gemeinsam das Reich der arbiträren Koinzidenz. Möge der Zufall mit uns sein!

Und jetzt konkret: Formate und Quellen 5

Wir können nicht Open Source predigen und gleichzeitig davor zittern, dass andere Berater und Coaches unsere Formate klauen. Deshalb gewähren wir Ihnen in diesem Kapitel Einblicke, wie wir arbeiten und wer uns dazu inspiriert hat. Schließlich sind unsere Formate ja auch nicht unsere geistigen Kinder, wir haben uns lediglich erlaubt, zu ergänzen und frei zu kombinieren. Bestimmt gibt es noch viele weitere geniale Inspiratoren in Sachen Innovation. Wir sind für jeden Hinweis dankbar!

Hier exemplarisch vier Formate und die dazugehörigen Inspiratoren.

5.1 Fragestunde mit Sokrates

„Noch Fragen?" sollte nicht am Ende eines Workshops stehen, sondern es gehört an den Anfang. Warum fragen? Zum einen hilft fragen dabei, vermeintliches Wissen auf seine Verlässlichkeit zu prüfen, die Schwachstellen in unserem Wissen aufzufinden. Zum anderen, legt es Wissen frei, von dem wir noch gar nicht wussten, dass wir es haben. Es geht also um die Überprüfung von Wissen und Nichtwissen, frei nach der Methode, die der Philosoph Sokrates zu seiner Philosophie gemacht hatte. Dieser behauptete, dass er nichts wisse und dass er damit schon einmal mehr wisse als alle anderen. Das ist eher als didaktische Behauptung zu verstehen. Sokrates hielt sich im Gespräch mit Antworten zurück, führte das Gespräch, indem er Fragen stellte und die Antworten seines Gegenübers durch weitere Fragen umkreiste. Seine Technik des Fragens bringt einen Dialog in Gang, hilft, unumstößliche Wahrheiten ins Wanken zu bringen, indem er diese als Meinungen entlarvt und bringt dann in immer neuen Anläufen mögliche neue Antworten ins Spiel, die durch Fragen untersucht, in Beziehung gesetzt und weitergeführt werden.

© Springer Fachmedien Wiesbaden GmbH, ein Teil von Springer Nature 2020
S. M. Garzarolli und M. Kiel, *Struktur und Anarchie: Wie Innovation gelingt*,
essentials, https://doi.org/10.1007/978-3-658-29670-4_5

Wie oft sind wir überzeugt, über eine Sache schon alles zu wissen, so sehr überzeugt, dass sie uns nie mehr fragwürdig vorkommt. Genau an diesem Wissen muss man mit hartnäckigen Fragen ansetzen, denn es versperrt uns den Weg zu neuen Möglichkeitsräumen. Fragen führt uns auf neue Perspektiven und stellt neue Verbindungen her. Dabei zeigt sich dann oft auch, dass wir mehr über die Dinge wissen als wir zunächst glauben. Gerade durch die Aktivierung von Alltagswissen oder Wissen aus ganz anderen Bereichen, eröffnen sich ganz neue Ansichten auf die fragliche Sache.

In unseren Workshops zu diesem Thema geht es darum, das Wissen zu sammeln, zu vertiefen, zu pointieren und vor allem die Leerstellen zu identifizieren. Genau diese sind für Innovation relevant, denn sie machen einen Raum für Gestaltung auf.

Fragen allein macht uns noch nicht kreativ oder gedanklich frei, aber es ist ein erster Schritt. Das gezielte Stellen von Fragen verhindert auch, zu vorschnellen Antworten zu kommen. Das stellt bei Innovationsprojekten einen hohen Nervfaktor, zugleich aber einen noch größeren Benefit dar. Denn alle Fragen, die man übersehen oder ausgespart hat, fallen einem mit großer Sicherheit später auf die Füße.

Wir setzen dieses Modul auch gerne für Projekte ein, die schon begonnen wurden (aber über deren Erfolgsaussichten Zweifel herrschen), um zu einer Zwischenbewertung zu kommen.

Die Fragestunde mit Sokrates dauert meistens 3 h und endet in der Regel mit priorisierten und geclusterten offenen Fragen, die daraufhin einer vertieften Begutachtung durch die Teilnehmer unterworfen werden, sowie einer Aufgabenverteilung. Eine Gruppe umfasst 2–10 Personen und einen in der „Mäeutik" (die Hebammentechnik des Sokrates) erfahrenen Moderator. Die Fragestunde wird meistens mit zeitlichem Abstand weitergeführt, auf Basis neuer Erkenntnisse und neuer Fragen.

Das Format „Fragestunde mit Sokrates" ist eine sehr effektive Methode – sie liefert einen Realitäts-Check und verleiht Projekten und Ideen schnell die nötige Tiefe, um zu beurteilen, ob sich das Weiterverfolgen konkreter Projekte oder Ideen lohnt. Durch die Fragen tauchen erfahrungsgemäß auch völlig neue Aspekte auf, die wiederum zum Ausgangspunkt neuer Ideen und Konzepte werden.

Wer war nun dieser Sokrates?
Sokrates lebte von 469–399 v.Chr. in Athen und gilt vielen als einer der Urväter der Philosophie. Aus heutiger Sicht kann man Sokrates zu Recht als einen der ersten Influencer bezeichnen. Sokrates hat keine philosophische Lehre verfasst, sondern sich auf den Straßen und Marktplätzen Athens herumgetrieben, um dort mit Menschen ins Gespräch zu kommen. In den Gesprächen vertrat er keinen eigenen Standpunkt, sondern brachte die Leute

zum Mitdenken. Bekannt ist Sokrates auch heute noch für seine spezielle Gesprächstechnik, die er selbst „Geburtshilfe" (griech.: Mäeutik) nannte (vgl. zur sokratischen Hebammenkunst Platon 1981, S. 25–35). Heute ist diese sehr effektive Methode der Gesprächsführung, unter dem Namen „sokratische Methode" in Philosophie und Didaktik weiterentwickelt worden (vgl. zur zeitgenössischen Auseinandersetzung und Weiterentwicklung der sokratischen Methode: Birnbacher und Krohn 2002, S. 21–105).

5.2   Sinn, Unsinn, Widersinn mit Paul und Simone

Das Modul „Sinn, Unsinn und Widersinn" greift in den Kernprozess der Innovation ein, das Denken, und zwingt zu einer Reflexion über diese menschliche Tätigkeit und ihre Möglichkeiten und Grenzen. Was hier geschieht, kann man am ehesten mit einer Analogie aus dem Sport beschreiben: Wir dehnen Synapsen, um ihre Flexibilität und Schnellkraft zu verbessern. Dazu ist unserer Meinung nach nötig, die vermeintliche Wahrheit und Unumstößlichkeit von Theorien und den daraus abgeleiteten Regeln infrage zu stellen und so zu mehr Flexibilität im Denken zu gelangen.

Der Philosoph und Erkenntnistheoretiker Paul Feyerabend verleiht dabei unserer Arbeit ein Fundament. Er hat untersucht, wie sich Wissen entwickelt und dabei auf den herausragenden Wert von Brüchen und Widersprüchen hingewiesen (vgl. Feyerabend 2010). Fortschritt entsteht nach Feyerabend viel häufiger durch das Brechen von Denkmustern, Methoden und Regeln, als durch die konsequente Anwendung dieser. Erst im Nachhinein werden die Innovationen in den Rahmen von Konsistenzen eingeordnet und dies geschieht immer im Rahmen einer Semantik, die historisch betrachtet alles andere als konsistent ist. In seinem berühmtesten Werk, *Against Method,* vertritt er die These, dass es keine allgemeine Methode zur Erzeugung von Fortschritt geben kann, aber dass man ihm eher durch den Entwurf von Gegentheorien und Anti-Regeln auf die Spur kommt. Es geht dabei nicht um das Finden der Wahrheit, sondern um das Gewährleisten von einer Pluralität der Theorien und Regeln. Nur dadurch wird das Denken flexibel und kraftvoll genug, um das Neue zu entdecken. Diese kontrainduktive Methode praktizieren und erforschen wir in den Workshops zu „Sinn, Unsinn und Widersinn".

Wer war nun dieser Paul Feyerabend?
Paul Feyerabend (1924–1994) war ein österreichischer Philosoph und Wissenschaftstheoretiker. Paul tritt für ein Denken ein, das heute im Zeitalter nicht-linearer digitaler Entwicklungen erforderlicher ist, denn je zuvor. Er appelliert an alle, die den Fortschritt suchen, gezielt nach Widersprüchen, nach Brüchen und Rissen zu suchen.

Auch ermutigt er Innovatoren, offen für jede Form der Inspiration zu sein: Selbst in einem banalen Schundroman liegt möglicherweise ein Schlüssel zu einer tiefgreifenden Erkenntnis. Abwegig? Her damit!

> „Wer sich dem reichen, von der Geschichte gelieferten Material zuwendet und es nicht darauf abgesehen hat, es zu verdünnen, um seine niederen Instinkte zu befriedigen, nämlich die Sucht nach geistiger Sicherheit in Form von Klarheit, Präzision, ‚Objektivität', ‚Wahrheit', der wird einsehen, dass es nur einen Grundsatz gibt, der sich unter allen Umständen und in allen Stadien der menschlichen Entwicklung vertreten lässt. Es ist der Grundsatz: Anything goes." (Feyerabend 2010)

Feyerabend (1994) rät allen, die ihren Namen mit einer neuen Entdeckung oder Erfindung verbinden wollen, sich gezielt jedem erdenklichen Widerspruch auszusetzen. Dieses Vorgehen nennt er kontrainduktiv. Feyerabend appelliert, „Antiregeln" aufzustellen und diese systematisch zu untersuchen. Auf dieser Basis lassen sich beeindruckende strategische Erweiterungen und Vertiefungen gewinnen. In der Praxis bewähren sich kontrainduktive Methoden deshalb, weil sie uns erlauben, schnell einen großen Abstand zur gängigen Praxis zu gewinnen.

Simone Giertz, die auf youtube einen Kanal betreibt, der sie bei der Erfindung, der Konstruktion und dem Ausprobieren von dysfunktionalen Robotern zeigt, ist ein wundervolles Beispiel, wie man spielerisch auf dem Feld von Sinn und Unsinn ins Tun kommt. Das macht nicht nur Spaß, sondern erweckt die Inspiration.

Wer ist nun diese Simone Giertz?
Simone ist ein hervorragendes Beispiel aus der youtuber-Generation. Sie erfindet in ihren Videos eine Menge Vorrichtungen, Maschinen und Roboter, die wider- bzw. unsinnige Funktionen haben. Riskieren sie ruhig einen Blick auf ihre Erfindungen. Ansehen kann man sich diese in ihrem youtube-Kanal.

In unseren Workshops kombinieren wir diese beiden Ansätze. Getreu dem Feyerabendschen Motto „Anything goes" bringen wir Widersinniges zusammen und untersuchen das sich daraus ergebende Potenzial an Sinn und Unsinn. Wir erfinden Anti-Regeln, üben uns im Kontern durch Gegenentwürfe, erfinden Unsinniges und erweitern unser Denken durch die Erforschung von anderen menschlichen Tätigkeiten und ihren Spielregeln, die wir vielleicht bisher für sehr weit entfernt vom rationalen Gebiet gehalten haben. Dabei betten wir die Aufgaben in verschiedene Genres ein. Gruppen arbeiten kreativ in verschiedenen Zusammensetzungen an unterschiedlichen Aspekten eines vorgegebenen Themas. Das Ziel dieses Tagesworkshops ist das leichtfüßige Verlassen und das Wiederentdecken von Stringenz. So wird für die Teilnehmer erlebbar, wie ergiebig es sein kann, das Feld der harten Logik zu verlassen und wie sich gleichzeitig im Gegenzug aus Widersinn ein stimmiges Gesamtbild generieren lässt. Genau das sind die Zutaten innovativen Denkens: Abweichen, ausreißen, wieder einfangen, wieder ausbrechen, wieder zusammenfinden usw.

Beim Arbeiten mit der kontrainduktiven Methode, richten wir unseren Blick auch auf die (teilweise ungeschriebenen) Regeln, die das Denken, Entscheiden und Tun unserer Workshopteilnehmer leiten. Will man Innovationen anstoßen, muss man danach fragen, wie weit man dabei gehen will, wie stark man die Regeln zu ändern bereit ist: dehnen, übertragen, umkehren?

Auch wenn die inhaltlichen Aspekte durchaus ergiebig sind, fokussiert dieses Workshopformat für Gruppen auf das Formale – auf das Denken. Wir reflektieren gemeinsam über unser gedankliches Vorgehen, das Kategorisieren, das Verknüpfen – jeder für sich und gemeinsam als Gruppe.

Denken ist aber nur eine Sache. Im nächsten Schritt gehen wir auf das Handwerkliche über. Es aktiviert andere Zugänge zur geistigen Freiheit. Etwas Haptisches zu erschaffen, steht klarerweise dem Begreifen sehr nah. Der nächste Workshopteil ist deswegen etwas für die Hände. Auch hier üben wir die Arbeit mit Sinn, Unsinn und Widersinn. Diese insgesamt zwei Tagesworkshops sind erfahrungsgemäß ausreichend, um Haltungen und Denkmuster in Bewegung zu bringen. So rüsten wir Innovatoren für ihre Arbeit. Die angeregten Impulse müssen von Zeit zu Zeit aufgefrischt und verstärkt werden, um ihre Wirksamkeit zu behalten. Das kombinieren wir mit unserem widersinnigen Projektmanagement-Tool „Project, Project", das unregelmäßige und zunehmend seltener stattfindende Interventionen vorsieht.

5.3   Experimental Travelling mit Joël Henry

Das Modul „Experimental Travelling" ist ein Format, das Personen und Prozesse in Bewegung setzt. Das Prinzip des „Experimental Travelling" geht auf Joël Henry zurück (vgl. Anthony und Henry 2005). Wir haben es für unsere Workshops angepasst. Auf einer Reise mit öffentlichen Verkehrsmitteln durch die eigene Stadt mit verschiedenen Stationen haben die Teilnehmer Erlebnisse, die wir kuratiert haben. Wir finden, Reisen leistet große Hilfe für Innovatoren. Wir können uns nicht vorstellen, dass man alleine hinter dem Schreibtisch innovativ sein kann. Man muss hinaus, Menschen treffen, beobachten, idealerweise auch in Länder mit unterschiedlicher Kultur reisen. Für den Anfang tut es aber auch die eigene Stadt. Sie werden staunen, denn diese besteht zu über 90 % aus weißen Flecken auf ihrer persönlichen Landkarte.

Experimentelle Reisen können auch mit arrangierten Erlebnissen verknüpft werden – Miniworkshops, die gezielt zur übergeordneten Themenstellung ausgesucht werden. Wie auch immer es im Detail gestaltet wird: Entscheidend ist die Kombination aus Bewegung und Unbekanntem. Wir kuratieren Route und Inhalte, aber wir moderieren nicht. Die einzelnen Eindrücke sollen „roh" sein und erst einmal von jedem selbst verarbeitet werden. Erst nach und nach gehen wir in die Reflektion. Dabei machen wir bewusst, wie es uns mit dem Bewältigen von „Neuem" geht. Die Teilnehmer können selbst spüren, wie offen sie gegenüber neuen Eindrücken sind und wie sie damit umgehen.

Die Anstrengungen, die mit einem derartigen Tag einhergehen, sind hauptsächlich darauf zurückzuführen, dass Teilnehmer die neuen Erfahrungen in ihr Werteraster einordnen und sie Kategorien zuordnen. Wir ermutigen Teilnehmer, mit neuen Eindrücken leichtfüßiger umzugehen und sie nicht durch das Taggen mit eigenen, schon fertigen Denk-Kategorien und Emotionen wegzusortieren. Nur freischwebende, nicht verortete Impulse lassen sich leicht verknüpfen. Ordnet man Erfahrungen zu schnell in Zusammenhänge ein, sinken die Freiheitsgrade der Information rapide. Hier hilft nur Überraschung, damit der Reflex des Einordnens nicht zu früh anspringt. Deswegen ist „Experimental Travelling" immer auch eine Reise ins Unbekannte.

Neben der verbesserten Aufnahme von Impulsen, werden die Beobachtungsgabe, der Umgang mit Kontrasten und Brüchen, sowie das Einnehmen unterschiedlicher Perspektiven trainiert.

Die Grundprinzipien von „Experimental Travelling" zeigt Abb. 5.1.

Warum ist Humor wichtig? Er erzeugt die spielerische Leichtigkeit und die Entspannung, die nötig ist, um sich unter ungewohnten Bedingungen wohl zu fühlen.

Wann empfiehlt sich Randomisierung? Diese Herangehensweise ist für Fortgeschrittene, die ihre Beobachtungs-Fähigkeit bereits trainiert haben, ideal. Gleichzeitig ist eine Aufnahmebereitschaft von Eindrücken, für die es keine unmittelbare Verwendung gibt, nötig.

Welche Vorteile bringt kategorisches Vorgehen? Kategorisches Vorgehen bietet Teilnehmern einen Rahmen und Sicherheit. Wenn der Inhalt schon überraschend ist, so vermittelt die Form des Vorgehens, ein Gefühl von Sicherheit. Diese Variante ist für Teams mit geringer Erfahrung mit der Methode angezeigt.

Worin liegen die Stärken des Ansatzes, gezielt in Austausch mit Menschen zu gehen? Fremde Menschen mit einer gezielten Frage anzusprechen, erfordert Überwindung und kostet über einen Tag gesehen, viel Energie. Dennoch kann man Stimmen zu für Innovatoren relevanten Fragen sammeln und bekommt

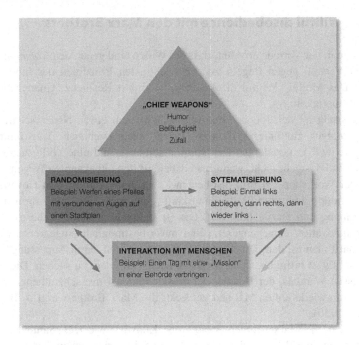

Abb. 5.1 Experimental Travelling

einen Wirklichkeits-Check – im Gegensatz zur gedanklichen Blase, in der sich Innovatoren gerne befinden. Gegen die Isolation des Prozesses setzen wir auf den Dialog mit der Welt.

Wer ist nun dieser Joël Henry?

Joël rief 1990 das Projekt „Latourex" ins Leben, ein Labor für experimentelles Reisen. Wer nach „Latourex" sucht, sollte gewarnt sein: Mitglieder? Fehlanzeige! Es existiert auch kein geografisches Zentrum, nicht einmal ein Programm. Es ist ein Spiel, wie die Sache selbst.

Henrys Motivation für die Gründung von „Latourex" lag in verschiedenen Beobachtungen begründet: Viele Touristen sind eher durch Klischees anzuziehen, als von der Wirklichkeit. Henry bemerkte auch, dass viele Einheimische ihre Städte nur schlecht kennen und ihren Aktionsradius auf immer dieselben Gegenden beschränken. So schlug er eine neue Methode vor, wie man eine Stadt neu entdecken könne (vgl. Anthony und Henry 2005). Vor allem ging es ihm darum, auf Reisen wieder das Unerwartete, Unbekannte und Fremde in den Fokus zu rücken. Mittlerweile sind im Netz daraus mehr als 100 Methoden geworden, die als Inspirationsquelle für die Reise anderer Art dienen.

5.4 Willful disobedience mit den Marx Brothers

Wir haben in der Vorrede erwähnt, dass der Widerstand gegen den *Common Sense* und der Verstoß gegen Regeln zu den wichtigsten Prinzipien der Innovatoren gehört. Das Modul „Willful disobedience" trainiert Resilienz, Unangepasstheit und Aufmüpfigkeit.

Anpassung ist der Tod der Innovation. Will man etwas Neues schaffen, ist nichts weniger zielführend als das Drehen nach Drehbuch. Wer Innovationen sucht, will ja gerade aus der Norm ausbrechen und eine völlig neue Rolle erfinden und das geht nicht, wenn man dabei auf den altbekannten Wegen weiterläuft. Der Workshop „Willful disobedience" ist dem Training von Unverfrorenheit, Aufmüpfigkeit und Widerstandskraft gewidmet. Wir alle streben nach Anerkennung und Dazugehörigkeit. Das ist völlig normal, doch dieses Streben ist der Innovation entgegengesetzt und muss bestmöglich eingegrenzt werden. Wie schafft man es, dem Druck nach Anerkennung und damit Anpassung zu entkommen? Es ist hilfreich, an dieser Stelle nach Vorbildern zu suchen. Die Ikonen des krassen Wandels, der Brüche, der brüskierenden Unverschämtheiten werden gerade zum wiederholten Mal neu entdeckt: die Marx Brothers (vgl. z. B.: Marx Brothers 1930).

Nachdem die Marx Brothers viele große Künstler, wie z. B. Samuel Beckett, Salvador Dalí, die Beatles oder Eugène Ionesco, inspiriert haben, haben auch wir uns für unsere Workshops etwas von ihnen abgeschaut. Stefan Kanfer (2000) hat die Marx Brothers einmal treffend charakterisiert: „Die Marx Brothers waren Erwachsene, die vorgaben Kinder zu spielen, die wiederum so taten als wären sie Erwachsene." Es gehört zum Beruf des Kindes, Grenzen auszuloten und zu überschreiten. Genau das wenden wir mit Übungen u. a. aus dem Improvisationstheater in unseren Workshops an.

Wolf Lotter (2018) nennt als wichtigste Kriterien für Innovation ein barrierefreies Denken, das Zulassen von Vielfalt und Differenz, Systemstörung und Selbstverwirklichung. Das alles fällt dem Kind noch leicht, dem Erwachsenen jedoch nicht mehr. Wie schlecht erzogene disruptive Kinder lassen wir unsere Probanden Standpunkte und Glaubenssätze auseinandernehmen, wieder zusammensetzen und neu erfinden. Die Mittel dafür sind Provokation, Entgleisung und natürlich Augenzwinkern. Das ist nicht nur irre komisch, sondern hat beinahe therapeutischen Charakter. Diese anarchische Herangehensweise ist befreiend und wirkt vor allem als Elchtest für jeglichen betrieblichen Imperativ.

Wer waren nun diese Marx Brothers?

Groucho Marx: „Those are my principles. If you don't like them I have others." (Vgl. Kanfer 2000)

Die Marx Brothers entstammen einer jüdischen Immigrantenfamilie und wuchsen unter ärmlichen Bedingungen in New York auf. Früh drängte sie die geschäftstüchtige Mutter mit einem Gesangsrepertoire auf die Bühne. Erst nach einigen Jahren fanden sie ihren eigenen unnachahmlichen Humor, mit dem sie die Vaudeville-Shows ihrer Zeit eroberten. Kommerziell erfolgreich wurden sie mit dem Beginn des Tonfilms: Mit Filmen wie „Duck Soup" (1933) oder „Cocoanuts" (1929) wurden die Marx Brothers zu den größten Leinwand-Stars ihrer Zeit und erschufen ganz nebenbei eine neue Kategorie der Komödie.

Zum Abschluss: Ein Plädoyer für die freie Liebe

6

Wir wollen unsere Ausführungen zum Thema Innovation beschließen, indem wir nochmals die Wichtigkeit von drei Dingen aufgreifen. Zwei davon haben wir sehr detailliert ausgeführt: Struktur und Anarchie. Sie stehen nicht nebeneinander und halten sich die Hände, sie bekämpfen sich aber auch nicht ständig.

Struktur ist eine Eingangsbedingung für Innovation. Sie ist wie ein gutes Elternhaus, in dem es ein paar Regeln gibt und vor allem Liebe und Akzeptanz. Es sind viele strukturelle Voraussetzungen nötig, damit das zarte Pflänzchen Innovation in einem Unternehmen gedeihen und heranwachsen kann. Innovation braucht gezielte fördernde Strukturen. In größeren Organisationen entwickeln Strukturen aber oft ein Eigenleben, überschreiten die Grenze zum Selbstzweck und wirken wie eine unerschütterliche und erbarmungslose Bremse, die Innovatoren zur Verzweiflung oder Abwanderung treibt. Genau in diesem Spannungsfeld bewegt sich die Organisationsentwicklung. Was die notwendigen Strukturen für innovative Unternehmen betrifft, so haben wir in Kap. 2 eine Übersicht dargestellt. Die Gefahren der Verselbstständigung von Strukturen waren hier nicht Thema.

Genauso wie Struktur, ist auch Anarchie eine Grundvoraussetzung für Innovation, insbesondere für den Ideationsprozess, wie wir ihn in Kap. 3 und 4 beschrieben und in Kap. 5 mit Anwendungsbeispielen illustriert haben. Anarchie ist in unserem Sinne ein Maximum an Selbstbestimmung und Eigenverantwortung bei gleichzeitiger Abwesenheit eines Alleinherrschers und Ordnungshüters. Anarchie ist Freiheit, genutzt für Spiel und Experiment, Lust an der Möglichkeit, Versuch und Risiko ohne Strafe. Anarchie ist weit entfernt von absoluter Regellosigkeit und noch weiter von Verantwortungslosigkeit. Das Problem mit ihr ist zum einen die Angst der Führungsetagen und Controller vor der Unkontrollierbarkeit, die man damit inszeniert, zum anderen die Hilflosigkeit der

S. M. Garzarolli und M. Kiel, *Struktur und Anarchie: Wie Innovation gelingt,*
essentials, https://doi.org/10.1007/978-3-658-29670-4_6

Operativen, in der sie sich bei so viel Freiheit wiederfinden. Gegen beide Probleme gibt es nur ein Mittel: Gegenseitige Hilfestellung, Unterstützung und ein konstruktiver Dialog.

Was diesen beiden Grundpfeilern der Innovation fehlt, ist die menschliche, die emotionale Komponente, die die Gegensätze zwischen beiden mildert und überhaupt die Umsetzung von Strukturen und Anarchie im Unternehmen ermöglicht. Die genannten strukturellen Voraussetzungen im Unternehmen sollen ja einen Rahmen und damit auch ein wenig Sicherheit beim Experimentieren mit Freiheit geben. Aber führen Sie sich noch einmal vor Augen, was eine innovative Unternehmenskultur ausmacht. Sie werden feststellen, dass diese den Menschen im Unternehmen bestimmt weniger Halt geben wird als eine gewöhnliche Organisationsstruktur in einem mittelständischen Unternehmen, von Konzernen ganz zu schweigen. Was passiert mit Menschen, denen Sie Halt und Orientierung wegnehmen und ihnen dafür ein großes Maß an Freiheiten einräumen? Genau, sie werden verunsichert, vielleicht sogar haltlos. Die emotionale Komponente der Veränderung und des Aufbruchs zum Unbekannten kann nicht ernst genug genommen werden.

Wer dieses Bild verinnerlicht, wird verstehen, dass nicht jede Managerin und jeder Projektleiter für Aufgaben der Innovation geeignet ist. Neben allem intellektuellen, spielerischen und kombinatorischen Rüstzeug, ist die Fähigkeit, sich emotional auf Innovation einzulassen, gleichrangig.

Wer dieses Bild verinnerlicht, wird ebenso verstehen, dass der Mangel an Halt und Orientierung kompensiert werden muss. Sir Ernest Shackleton hätte es auf seiner gescheiterten Südpol-Expedition nicht so bezeichnet – aber es war seine Liebe zu den Menschen, seine Zuneigung und seine hohe Empathie, die am Ende den Unterschied ausmachten.

Freiheit braucht also nicht nur Struktur, sondern auch Liebe. In diesem Sinne unsere zentrale Botschaft an alle Innovatoren: Praktizieren Sie freie Liebe!

Was Sie aus diesem *essential* mitnehmen können

- Innovation ist zunächst ein ziemlich leerer Begriff, den man mit Leben füllen muss.
- Rezepte für Innovation gibt es viele, doch es gibt nicht DAS Konzept, denn bei Innovation geht es um das Ermöglichen von Vielstimmigkeit im Unternehmen und das erfordert auch Diversität der Methoden.
- Strukturen und Freiheiten müssen in Organisationen zusammenspielen, damit Innovation möglich wird.
- Sie erkennen, wie Ihre Organisation für Innovation aufgestellt ist und identifizieren Handlungsfelder, in denen Sie gezielte Veränderungen vornehmen können, um die Voraussetzungen für Innovationen zu verbessern.
- Sie bekommen Lust, sich dem Thema Innovation zu stellen und sind in der Lage, diese positive Haltung auch weiterzugeben.

© Springer Fachmedien Wiesbaden GmbH, ein Teil von Springer Nature 2020
S. M. Garzarolli und M. Kiel, *Struktur und Anarchie: Wie Innovation gelingt,*
essentials, https://doi.org/10.1007/978-3-658-29670-4

Literatur

Anthony, R., & Henry, J. (2005). The Lonely Planet Guide to Experimental Travelling. Melbourne: Lonely Planet.

Birnbacher, D., & Krohn, D. (2002). Das sokratische Gespräch. Stuttgart: Reclam.

Dickinson, E., (2015). Sämtliche Gedichte (zweisprachig). München: Carl Hanser Verlag.

Feyerabend, P. (1994). Killing Time. Chicago: University of Chicago Press.

Feyerabend, P. (2010). Against Method (4. Aufl). New York: Verso Books.

Godwin, W. (2013). An Enquiry Concerning Political Justice (Hrsg. Mark Philp). Oxford: Oxford University Press.

Heisenberg, W. (2011). Physik und Philosophie (8. Auflage). Stuttgart: Hirzel, S. Verlag.

Kanfer, S. (2000). The Life and Times of Julius Henry Marx. New York. Vintage Books.

Kuhn, T. S. (1967). Die Struktur wissenschaftlicher Revolutionen. Frankfurt a. M.: Suhrkamp.

Lotter, W. (2018). Innovation. Streitschrift für barrierefreies Denken. Hamburg: Körber.

Marx Brothers (1930). Animal Crackers (Film). New York: Paramount Pictures.

Marx Brothers (1933). Duck Soup (Film). New York: Paramount Pictures.

Musil, R. (1978). Der Mann ohne Eigenschaften. Bd. 1. Reinbek bei Hamburg: Rowohlt.

Parson, R. und Keyes, R. (2002). Whoever Makes Most Mistakes, Wins. The Paradoxon of Innovation. New York: Free Press.

Schumpeter, J. (1911). Theorie der wirtschaftlichen Entwicklung. Berlin.

Shackleton, E, (2017). South! The Story of Shackleton's Last Expedition 1914–1917 (Erstausgabe 1920). Staunton: American History Classics.

Werner-Lobo, K. (2016). Frei und gefährlich: Die Macht der Narren. Salzburg: Benevento Verlag.

© Springer Fachmedien Wiesbaden GmbH, ein Teil von Springer Nature 2020
S. M. Garzarolli und M. Kiel, *Struktur und Anarchie: Wie Innovation gelingt,*
essentials, https://doi.org/10.1007/978-3-658-29670-4

Printed in the United States
By Bookmasters